「めんどくさい人」の取り扱い方法

渋谷昌三

PHP文庫

JN150159

○本表紙図柄＝ロゼッタ・ストーン（大英博物館蔵）
○本表紙デザイン＋紋章＝上田晃郷

はじめに

イラッとするのは、相手が気になる証拠

世の中には常識や慣習でははかりきれないような、さまざまな人がいます。

「自分は特別だと勘違いしているワガママ人間」や「締切りや時間にいつもルーズ」「異常にだらしない」「酒乱」など、近くにいたら、つい顔をしかめたくなるようなタイプの人々。そんな人とのつき合いにストレスを抱き、嫌いだと思っている人もいるでしょう。

けれど、心理学的には、イライラさせられる相手というのは、じつは好意を感じている人だということができるのです。

私たちは誰かに期待したり「こうであってほしい」という希望を持ったりした

とき、それを裏切られると怒りを感じます。

「わかってくれると思った恋人が、わかってくれない」

「味方になってくれると期待していた親が、反対している」

「ステキな髪型（＝ステキな私）にしてくれると思ったのに、美容師がヘタだった」

など、思いどおりにならなかったとき、相手に腹を立てるのです。

この、思いどおりにしたい、という希望は、その人に好意を感じるからこそ抱くものなのです。相手が、「どうでもいい人」だったら、そもそも期待など寄せもしないでしょう。

たとえば自分の上司に対して「若い社員の顔色ばかりうかがってないで、少しは課長らしくしろよ」などと思うのも、その上司に「自分の理想の上司像に近づいてほしい。そしてうまくつき合っていきたい」と、考えてのことです。

ですから、イラッとくるのは、好意を持っている人に期待どおりになってほしい、でもなってくれない、という苛立《いらだ》ちの表れなのです。

ではどうすれば、イラッとせずに相手と「適切な距離」で、つき合うことができるのでしょうか。

そのためにまず心得ておきたいのが、「考え方が違う相手を頭から拒否しない」ということです。

一つの物事に対しても、いくつものさまざまな見方、考え方があります。ある人にとっては上司とは「統率力のある、頼れるリーダー」であるべき人かもしれません。またある人にとっては、「新人にも心配りできる、優しいサポーター」であるのが理想なのかもしれません。そして、どれが正しいか、という結論も、なかなか出せるものではありません。

けれどここで、「上司はガンガン引っ張っていってくれるタイプじゃなきゃダメだ」と決めつけてしまうと、違う考え方をしている相手とのギャップに苛立ち、苦しくなってしまいます。「自分とは違う考え方もあるのだ」ということを受け入れ、相手に自分と同じ考え方をさせようと焦《あせ》らないこと。それが、ストレスをためない人づき合いのコツともいえるでしょう。

少し言葉を交わしただけで、すぐにわかり合うことができる相手もいれば、「あいつ、なに考えてるのか、ちっとも理解できない」という相手もいます。けれど、わかり合うことが難しい相手でも、イヤなヤツとは限らないのです。少し時間をかけて理解し合うことを心がけてみてください。

「なるほど。そういう考え方もあるのか」と腑《ふ》に落ちれば、相手のことが、さほど腹立たしくなくなっていきます。「ヘンテコリンに見えるその行動の裏には、そんな理由があったんだね」とわかることで、イライラも減っていくでしょう。無理をして同調しなくてもいいのです。理由がわかれば、相手の存在がうとましいばかりではなくなっていくものです。

本書では、世間でよく見かける「イライラの素」のようなタイプの「めんどくさい」人々を、大勢取り上げています。本書が、ストレスの少ない人間関係を構築する一助になれば幸いです。

渋谷昌三

「めんどくさい人」の取り扱い方法

目次

第2章　無神経な人

第3章 不機嫌をまき散らす人

第4章　周囲をうんざりさせる人

第5章　他人の顔色をうかがいすぎる人

第6章 「常識」が通じない人

第1章

自己中心的な人

□興味のある話でないと、会話がはずまない。

□誰かと一緒に歩いていると、いつの間にか間が離れている。

□誰かの会話に、強引に割り込むことがしばしばある。

俺のすごさに
気付かないとは、
この国もヤバイな

※一つでも当てはまれば、自己中心的な人かも?

人の話を聞かずに、自分のことばかりしゃべる人

会話をしていると、すぐに自分の話にしてしまう人に、ムッとした経験はありませんか？

「昨日テレビで見た温泉宿、泊まったことがあるんだけど、よかったわ。お料理もおいしくて……」

「あら、そう。私が去年泊まった宿はね……」

といった調子で、すべて自分の話したいことにすり替えてしまいます。

こういう人と話をしていると、「今から本題に入ろうと思ったのに」と欲求不

満が残り、ちっとも会話が楽しくありません。「またあなたの話の聞き役？」と、うんざりした気分になります。

こんなふうに話の腰を折る人には、二つのタイプがあります。

一つは、話をするのが楽しくて、ついしゃべってしまう子どもみたいな人。家族など、身近な人との会話があまりなく、寂しい思いをしている人などにありがちで、誰かと話す楽しさにはしゃいでしまい、相手がどう感じているのかまで、気が回りません。

もう一つは、短気で、面白くない話だと思うと、聞くのがすぐにイヤになるタイプです。

誰もがそうそう面白おかしく話せるわけではありません。それでも、相手の話はなるべく遮《さえぎ》らないで、最後まで聞くのが礼儀というものですが、気が短くてイライラする人は、

「なるほどねえ、それはそうとね」

などと、すぐに話を変えようとします。相手のつまらない話よりも、自分の話

の方がよっぽど面白いと思っているのでしょう。こういう人もまた、自分の思いのままにならないとジタバタと騒ぐ、堪《こら》え性《しょう》のないきかん坊と同じ精神構造だといえるかもしれません。

この人は子どもなんだ、と思い、適当にあいづちを打って、話題を変えてしまいましょう。

この間の話なんだけど…
そーそー！
そういえば私ね！

失礼なことを平気で言っちゃう人

みんな固まってるよ。空気を読めよ！

Aさんが上司の新築祝いに招かれたときのことです。

ダイニングテーブルには、おいしそうなご馳走《ちそう》が並び、お皿やグラスなども、センスよく統一されています。

そのとき、Aさんが不意に「これは便利でいいですねえ！」と大きな声で言いました。手に握られていたのは、大皿料理に添えてあった、キッチンで使う大ぶりのお玉《たま》。パーティ用にしつらえたテーブルにはいささか不釣り合いなものでした。

上司の奥さんは「サーバースプーンがなくて、ごめんなさいね」と、赤い顔で決まり悪そうにしています。

しかし、Aさんはまったく意に介さず「便利だなあ」と、何度も繰り返し、周囲が白けているのにも気づいていません。

「少しは空気を読め!!」

そこにいた皆が、心の中でAさんに向かって、そう叫んでいました……。

その場の空気を読めない人というのは、本当に困りものです。「今それを言わなくてもいいだろう」というような、会話の相手が嫌がることを、平気で口に出します。

こういう人は、**自分自身を客観的にながめる「セルフ・モニタリング（自己監視）」能力が、通常より欠如《けつじょ》している場合が多いようです。**この能力が低いと、たとえ周囲から浮き上がっていても、冷たい視線で見られていたとしても、本人は気づきません。

どんなに周りが注意をしても、セルフ・モニタリングできない人を改善することは、なかなか難しいようです。

仕事上など、どうしても必要な場合は「得意先の前では、こういうことは言わない」「酒の席では、なるべく口を慎《つつし》む」など、相手がはっきりとわかるような決まりを作るのが効果的なようです。

また、相手の言うことに腹が立った場合、ムッとしていても、まったく伝わらないので、「こういうことを言われると、こういう理由で腹が立つのでやめて」と、ハッキリ伝えることが大切です。

「こういう場合は、こういうことは言わない」と、具体的な表現で、事前に決まりを作ってしまいましょう。

自分は特別だと勘違いしている、おめでたい人

「自分には向いてない」だって？　甘ったれるな！

なんの根拠もないのに、自分だけはなにをやっても許されると思い込んでいる人がいます。

たとえば、ミスを犯したのに、人ごとのような顔をしている新入社員。

周囲に迷惑をかけていることを理解している様子が感じられず、ちょっと厳しいお小言を言えば「私はこういう仕事に向いてないんですよねえ」「もっと僕のこと理解してくれる会社だと思っていたのに」と、不服顔で上司に文句を言い出す始末。

「お前にできる仕事なんて、どこにもねえよ！」と、怒鳴《どな》りたくなるのを我慢している上司が気の毒に思えてきます。

また、「私は感受性が強いから、すぐ気にしちゃうタチなのよね」と、上目遣いで話す人。本人の言葉とは裏腹に、よほど神経が図太いタイプと見ていいでしょう。

彼らは、なぜか自分を特別な存在だと勘違いしています。**周囲が大切にしてくれるのが当たり前だと思っているのです。**こういう人は、ずっと甘やかされて育ってきた人に多いのですが、大人になっても「甘える」気分が抜けておらず、そのやり方をとおそうとするのです。

けれど、赤の他人が、甘えを受け止めてくれるわけがありません。すると、「ちっとも自分のことをわかっていない」と、被害者ヅラをします。そして誰かに相談するという形で、甘えや依存したい心を満たそうとするのです。いうなれば、だだをこねているお子ちゃまということです。

こういうタイプは、いちいち相手にしていても仕方ありません。放っておいてもかまわないでしょう。もし「自分のことを邪険《じやけん》にする意地悪でひどい人」などとそしりを受けたら、「気づかなくてごめんなさいね」と言葉だけでも謝っておけば、ケロリと機嫌は直るでしょう。

甘えを受け止めると、子守役にさせられます。「わかってあげなくてごめんね」と謝るだけにとどめておきましょう。

俺のすごさに
気付かないとは、
この国もヤバイな

おつき合いの宴会はお断り。マイペースすぎる人

こういう打ち上げには普通、参加するだろ!

厳しい仕事をどうにかクリアし、「今日は祝杯だ」と、皆が盛り上がっているときに「疲れているのでお先に失礼します」と、一人帰ってしまった後輩。ちょっとくらいつき合え、と言っても軽くスルー。先輩は「あいつはいつもこんな調子で、かわいくねーな」とブツブツ……。

こういう心のすれ違いは、たびたびあるようです。周囲もどう扱ったらいいかわからず、腫《は》れ物に触るような感じで接しているため、組織の中で浮き上がっている場合もあります。

組織のまとまりを第一に考える人には、ワガママな振る舞いに映るでしょう。

「マイペースな人」というのは、**伝統や権威にこだわらず、自分の価値観をもとに行動する「内部指向型」（第5章161ページ参照）にあてはまります。**

誰もが本音では、組織のしがらみに縛られることなく、自分の心のままに自由に生きていくことができたら、どんなに幸せだろうか。

そう思っていませんか？

けれど、社会的には許されない。だから、気持ちを抑《おさ》えて大人として振る舞っているわけです。それなのに、それをまったく気にも留めずに自分のペースをとおしているヤツをそばで見ていると、腹が立って仕方がない。そんなところかもしれません。

けれど、よく考えてみてください。本当にそれは「許されないこと」なのでしょうか。

もしかしたら、自分で自分を「常識」という価値観で縛っているだけかもしれません。

とはいえ、冠婚葬祭のマナーやしきたりを守らない、大切なアポイントをすっぽかすなどの逸脱した「マイペースな人」には、厳重注意が必要でしょう。

「マイペースな人」に腹が立つのは、うらやましい気持ちの裏返しかもしれません。

なんでもすぐ仕切りたがる、自称「リーダー」な人

やたらと指図しますけど、何様のつもり？

E子さんは、なにかと仕切りたがる〝自称〟リーダー。

「来月どこか行きたいね」

などと話していると、すぐに話に入ってきては、

「今度の幹事は、◯◯さんね」

「じゃあ、△△さん、パンフレット集めてきてよ」

などなど、仕切り始めます。

仲間内では「あの人といると疲れる」「すぐに命令してさ、何様のつもり？」

と、うっとうしがられ始めています。

E子さんのようなタイプの人は、「私がやらなくちゃ、話がまとまらない」という正義感と責任感から仕切っていることが多く、もちろん、悪気などはありません。

そして、実際に旅行が実現すると、「やっぱり私がまとめたのがよかったのよ」と、その〝仕事ぶり〟に満足していたりします。

こういうタイプの人は、**「リーダーぶって、偉そうにしないでよ」などと言われると、拗《す》ねて、その後、手のひらを返したように非協力的になったり、攻撃的になったりします。**

それよりも、

「さすがね。やっぱりあなたがいてくれると助かるわ。じゃあ、集金のまとめ役をお願いできると、助かるんだけど」

と、活躍できる舞台を限定して提供し、せっせと働いてもらうとうまくおさまるでしょう。

「あなたにお願いしたいことがあるんだけど」と下手《したて》に出て持ち上げるのが、この手の人をうまく動かすコツです。

うまくおだてて、限られた役割でせっせと働いてもらいましょう。

「でも」「だけど」と、必ず横やりを入れる人

反対するんだったら、別のアイデア出してくれよ

グループで話し合っているときに、なにかというと反対したがる人がいます。

たとえば、職場で飲み会の計画が決まりかけたとき、

「でも、その店あんまりおいしくなさそうだし……」

「ちょっと高いんじゃないの？」

などと、横やりを入れてきます。タチが悪いのは、仕事上の会話でこれをやる人です。部下や後輩のアイデアを、必ず一度は否定する上司、新しいやり方や提案は、ことごとく反対するリーダーなどがいますが、こういう人は職場に実害を

もたらしかねません。

だからといって、自分にもっといいアイデアがある、というわけでもありません。

「どこが悪いのか、教えてください」と尋ねても、重箱の隅をつつくような難癖《なんくせ》をつけるばかりで、建設的な意見が聞けることは、あまりありません。

こうした人は、リーダーやまとめ役になる人が、気に入らなくて仕方ありません。なぜなら、**本当は自分が一番目立ちたい、周りに認められたいと思っているからです。**

けれど、それにふさわしい能力や経験、アイデアが自分にはないこともわかっています。そこで、「だけど」「でも」と、口をはさんで、自分に注目を集めようとするのです。

こういう人の反論は、ちゃんとした理屈になっていないことが多いので、「また反対かよ!」とカッカするよりも、冷静に理詰めで反論し返すと、しぶしぶ黙ります。

また、理由のない反対には、「じゃあ、私には難しいから、あなたがまとめ役になって」と、いっそのこと預けてしまうのも手。まとめ切れずに投げ出した頃を見計らって、再度話を進めれば、今度は「でも」とは切り出さないでしょう。

理詰めで反論するか、「じゃあ、やって」と、任せてしまいましょう。

なにかと昔の自慢話をしたがる「終わってる」人

その昔話、暗記してしまいましたよ

「俺の若い頃はさあ」

「昔はこんなもんじゃなかったよ」

飲みに行くと、ふた言目にはこんなセリフが口をつく中年の男性社員。あなたの職場にもいませんか。若い頃の手柄《てがら》話に自慢話、えんえんと続いたあげくに出てくるのは、

「まったく最近の若いヤツときたら……」

などのお小言。そして今度は、若手社員を相手に、くどくどとお説教が始まり

ます。

周囲は「また始まった」と思いつつも、黙ってつき合うしかなく……。

このような〝昔語り〟をする人は、だいたい「終わってる人」です。

仕事に意欲もなく、情熱も注げない。

かといって、生きがいとなるような趣味や活動があるわけでもない。

家庭にも居場所がなく、どこにも必要とされていないような人。

現実がそんな寂しい状況であればあるほど、エネルギッシュに生きていた頃を振り返りたくなるのです。

今を懸命に頑張っている人や夢中になって輝いている人は、昔のことなど話しません。

現在のことで頭が一杯だからです。話題も現状や未来のことが多く、聞いている方も気分がよくなります。

過去の話ばかりする人は、すでに過去の人。話を聞いたところで、大きなメリットはないでしょう。

時間を有意義に使いたいなら、なるべく遠ざかっていた方がいいでしょう。

今を生きていない人の話を聞くのは時間のムダ。どうしても、聞かなければならないときはボランティアのつもりで。

いつでも「俺が俺が」な目立ちたがり屋の人

出しゃばるわりには、筋が通ってないんですけど……？

会議や打ち合わせのときに、誰かが話していると遮るように、

「だからつまりさ……」

「いや俺としてはそこのところはさ……」

などと、必ず口をはさんでくる出しゃばりな人。

グループでなにかをやろうとすると、なにかと自分が中心となって命令したがる人。

いつでも「自分が、自分が」としゃしゃり出る人は、どこでもうっとうしがら

れる存在です。またあの人が出しゃばって……と、周囲の人たちがうんざりすることもしばしばでしょう。

けれど、こういう人に限って、「しかし」のあとの意見が、少しも反論になっていなかったり、人に注文をつけるわりには効率が悪く、しかも最後まで責任を取りきれないこともあります。

これらの人は、非常に自己主張の強いタイプです。**自分を認めてほしい、自分の方を向いてほしい。それが高じて、すぐに割り込んできては、自分を中心とした話にすり替えようとします。**

また、かなりの自信家で、「自分が一番正しいのだから、それを認めないのはおかしい」くらいに思っています。これが高じると、

「俺の言うことを黙って聞いてればいいんだ」

などと、ワンマンなセリフを言い出したりします。

こういう人は、自分の能力が誰よりも一番、という気でいるため、周りを信頼して任せることができません。頭が固く、融通《ゆうずう》がきかないことを、周りに言いふ

らしているようなもの。
しょせんはそこまでの器だと解釈していいでしょう。

同じ意見を持つ人と一緒に、冷静に反論してみましょう。きっとすぐにボロが出るはずです。

健康志向を他人へも強要する、自己満足な人

私、べつに「オーガニック」じゃなくてもいいんだけど……？

現代人の食へのこだわりは、ますます強くなっているようです。最近では「健康志向」「オーガニック」「自然食」などの切り口で、こだわりを持つ人が非常に増えてきました。

口にするのは無農薬・無添加で作られた、選ばれた食材や料理のみ。「良質な素材をきちんと調理したものだけが、健康でナチュラルな心身を作る」という信念を持っています。

たしかにその信念は素晴らしいのですが、えてしてこういう人は、「だからあ

なたも、そういう食生活にすべきだ」と、周囲にも熱心に勧《すす》めることが少なくありません。

健康食や自然食にこだわる人は、自分のことを非常に大切にする、自己愛の強いタイプの人です。しかも、それが間違っていない、と信じています。

ですから、「昼食はいつもコンビニ、スナックや甘いお菓子が大好き」というような食生活をしている人を見ると、間違っていると認識し、それを正したくなるのです。言われた方は、反論しづらいだけに、だんだんと息がつまってきます。

しかも、どんな状況でもそれをふりかざす人がいるとやっかいです。飲み屋やレストランで、

「こういう所の野菜って、農薬だらけじゃないの？」
「化学調味料の味がする」

などといちいち文句をつけられては、せっかくの料理もおいしく感じなくなってしまいます。

健康食だけではありません。極端なグルメや、食通ぶりを発揮する人などもそうですが、「自分のセンスは正しい。わからない人は間違っている」と思い込んでしまうことがあるのです。

そんな人にあれこれ指図をされたときは、「あなたとは違う」という信号を出すのが手っ取り早い方法です。「私はこれが好きだから、放っておいて」と言って、知らんぷりしてしまいましょう。

「あなたはあなた。私は私」という明確なメッセージを伝えましょう。

早口で言いたいことをまくし立てる人

黙って聞いている身にもなってほしいよ

相手のことなどおかまいなしに、自分のペースでしゃべり続け、口をはさむ隙《すき》さえ与えてくれない人がいます。話し相手のことなど、ほとんど意に介していません。

思いついたことから次々しゃべる直感型の早口タイプの人は、子どもっぽいところがあるようです。

「このことを話したい」と思ったときには、言っていいことか悪いことか、よく考えずに口から出ていることもしばしば。失言や、場がしらっとしてしまう発言などもも多いようです。

「誰かとつながっていたい」という「親和欲求」が強く、「自分の方を見てほしい」という気持ちが高じて、マシンガントークを炸裂《さくれつ》させてしまうのです。

ふだんはさほどでもない人が、急に早口になるときは、なにか都合の悪いことがあったり、隠しごとをしていることがあります。不安になると、人は無意識に早口になる傾向があるのです。

また、大勢の前で発言するときや、取引先に重要な説明をするときなど、緊張のあまり早口になってしまう人もいます。息継ぎもせず、相手が言葉を差しはさむ余地もなく話す人は、自分に自信がなく、不安で一杯になるタイプ。自意識過剰気味の場合も多いようです。

いずれにしても、聞く側にとっては、けっこうなストレス。どうすればいいのでしょうか。

こういうときは、少し大きなジェスチャーをして、一度相手の気を削《そ》ぐといいでしょう。咳払《せきばら》いをしたり、大きく座り直して姿勢を変える、もっと直接的に、手のひらを相手にかざして「ちょっと待った待った」とやってもいいでしょう。相手のスピードを落とすきっかけとなります。

また、視線をそらしたり、お茶を飲み出すなど、会話に興味を失ったような態度をとると、おしゃべりに水を差すことができます。話を切り上げるいいタイミングとなるでしょう。

咳払いをしたり、視線をそらしたりして、ペースを崩しにかかりましょう。

第2章

無神経な人

□相手が誰であれ、話し方や言葉遣いがだいたい同じ。
□服装や髪型を、ときどき鏡でチェックすることをしない。
□相手がなにをしてほしいのかはあまり考えない。

※一つでも当てはまれば、無神経な人かも？

忙しいのに、えんえんとムダ話をしてくる人

「早く終わらせてほしい」という気配を察してよ

急いでいるときに限って、長々と続く上司の話につき合わされてうんざり……ということがあるでしょう。

「早く終わりにしてほしい」と、気のない返事をしていても、こういう人にはなかなか察してもらえません。

たいていの人は、会話中に相手の視線が泳いだり、そわそわ落ち着かないしぐさなどが見て取れた場合、暗号化された「話を終わらせたい」という気持ちを解読し、「早々に切り上げた方がいいな」と考えるものです。

けれど、そうした感情の暗号化を読み取ることができない鈍感《どんかん》な人がいます。なかには、相手が黙ってうなずいているから「話をし続けていいんだ」と、自分の都合のいいように解釈する人もいます。

このような人には、さりげない感情の暗号を読み取ってもらうことはできません。

「ごめんなさい、ちょっと急いでいるので」とか、「1時間で終わらせなくてはいけない仕事があるので」など、はっきりと伝えて話をうち切るのが一番でしょう。

とはいえ、相手が目上の人や上司の場合、なかなか言い出しにくいものです。このような場合、心理学の「姿勢反響」を利用するといいでしょう。姿勢反響とは、会話に熱が入っている場合、つい相手の行動につられることをいいます。相手がお茶を飲んだり、身を乗り出したりすると、無意識につられて同じことをしてしまうのです。

これを使い、**ゆっくりとお茶を飲んだり、足や腕を組み替えたりしてみましょ

う。

相手もつられて同じ行動をすると、自然に話が途切れます。その隙を逃さずに「じゃあ、また」とさりげなく離れれば、スムーズに話を終わらせることができます。

話が途切れる瞬間をつくり、すかさずその場を離れましょう。

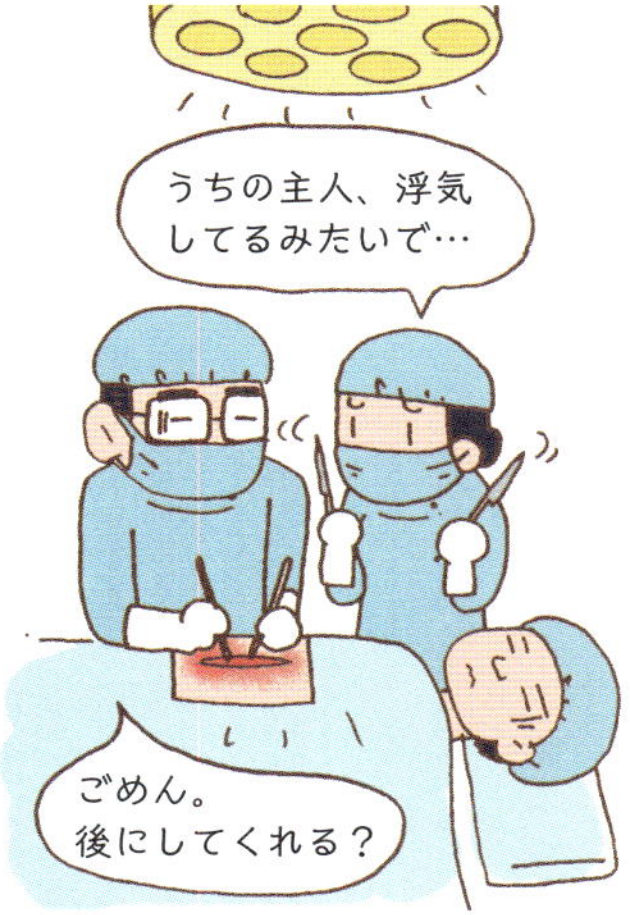

特に親しくもないのに、なれなれしい人

プライベートに、ずかずか入り込まないでほしい。迷惑!

都心のマンションに住む主婦のA子さんは、最近ゆううつそうです。

「下の階に引っ越してきたBさんたら、一、二度廊下であいさつしただけなのに、やけになれなれしいのよ。今度遊びに行くから、って勝手に決めてるの。それに子どもの成績から、主人の給料の額まで聞いてくるのよ」

会って間もない相手に対して、やけに親しげな態度で接したり、なれなれしい口調で話しかけてきたり。

仕事上のつき合いなのに、やたらとプライベートなことを質問したり、自分の

家族や趣味の話をえんえんと繰り広げたり。距離を置きたいと感じている相手を閉口させます。

このようなタイプは、**これまで人間関係でつらい思いやイヤな思いをしたことがないため、非常に楽天的なのです。**

子どもの頃や学生時代と同じような気分で、知り合った人とは、すぐに友達になれると思い込んでいます。

たいていの人は、「あの人と仲良くなりたい」と思っても、相手が自分をどう思っているかを推測したり、相手の様子をうかがいながら逡巡《しゅんじゅん》したりします。

けれどこのタイプの人は、人間関係で努力した下積みがないため、あるべき距離感をつかめないのです。

幼さからくる無邪気な振る舞いともいえるでしょう。

このタイプの人にカリカリして、「なれなれしくするな」と目くじらを立てたところで、相手にはほとんどこたえません。怒り損になりますので、好きなようにさせておきましょう。

気が乗らない誘いや答えたくない質問は、はねつければいいのです。はねつけられても、自分が避けられているとは考えないのが、このタイプ。気に病んだり根に持ったりすることもないので、楽な相手でもあります。

嫌な質問は「そんなこと、答えられませんよ」とはねつけましょう。根に持たれることもないので大丈夫です。

勘違い、物忘れがひどくて、なにも任せられない人

「天然だね」で済まされると思ったら、大間違いだよ！

言い間違いや聞き間違いなどのちょっとした勘違いは誰にでもあるものですが、しょっちゅう繰り返す人がいると、本当に困ります。なにをやっても間違いが多くて、なにも任せられません。

「すみません、会議の日付を1週間勘違いしてました」

「あれ、待ち合わせの店の名前、伝えるときに間違ってた」

言い間違い、聞き間違い、勘違いのオンパレード。間違いだけではありません。物忘れ、ど忘れを繰り返してしまう人もいます。ちょっと前に伝えたことな

のに、すぐに忘れてしまったり、しょっちゅう「ほら、あれ、あの人なんていったっけ？」なんて思い出せずに苦労したり。

このような勘違いやど忘れなどのケアレスミスを、心理学では「錯誤《さくご》行為」といいます。

心理学者フロイトは、本人が意識していない、心の奥底にある本心が錯誤行為を生み出すと言っています。

たとえば、会議の日程を間違えてしまっている人は、本音では「会議に出たくない」と感じている。

知り合いの名前が出てこないなどのど忘れは、無意識に、その知り合いに対して嫌悪感を持っていることもあります。

本心は、当人には気づいていないことが多いのですが、仕事への情熱を失っている人に仕事に関する勘違いやど忘れが多くなる、という関連性はしばしば見られます。

「もしかしたら、仕事がつらいんじゃない？」

などと声をかけたら、思いがけない悩みをうち明けられる、ということもあるかもしれません。

「仕事がつらいんじゃない？　大丈夫？」と、心の奥底にある悩みを探り出してみましょう。

人の陰口ばかり話す、ゴシップ好きな人

口を開けばネガティブな噂話ばかり。ほかに話すことないの？

「ねえねえ、営業のCさん、奥さんと別居したらしいわよ」

「ねえねえ、人事のD子、X部長と不倫してるんだって」

「Qさんのご主人、リストラされたらしいわよ。家のローンがまだ15年も残ってるんですって。この先どうするのかしら……」

噂話《うわさばなし》が大好き、話し始めると止まらない、という人があなたの周りにもいませんか。

職場の人間関係や近隣住民のプライベート、有名人の結婚・離婚などなど、話

し出したら止まらない、瞳を輝かせている人たち。

他人の不幸やスキャンダルは、なぜこうも人を引きつけるのでしょうか。それは、話す側が心に隙間《すきま》を抱えているからです。

自分自身が心の中に不平不満や寂しさを持っているため、幸せな人や喜んでいる人に対して、やっかみの気持ちで接するようになってしまうのです。

自分の人生に満足し、安定した気持ちで生きている人は、幸せな他人と接すると、ともに喜ぶことができます。

けれど、心に不満や不安がある人は、「この人に比べると自分は……」と、みじめな現状を再確認することになるため、ますますつらい気分になるのです。だから幸せで安定した人を見ると、あら探しをしたくなります。

家庭円満な人が夫婦ゲンカをしたとか、周囲から信頼を得ている同僚がじつは不倫しているらしいといった、幸せな誰かの〝ネガティブな情報〟が大好きなのです。

本当は自分も「幸せな家庭がほしい」「皆に認めてもらいたい」といった願望

を抱えているのに、それをストレートに表現することをせず、実際に幸福に見える人をおとしめることで、不安や不満を解消しようとしています。

リアクションのない人には近づいてこない

デボラ・タネンという女性言語学者によると、男性にとって会話は問題解決の手段であるが、女性にとっては感情や意思を伝え合う手段である、ということです。

ですから、感情的な会話から生まれる噂話は女性特有のものだという指摘があります。

けれど、最近では男性でも噂話に花を咲かせる人が多くなっているようです。噂話は、それを聞きたがっている相手に対して、優位な立場に立ったような気分になれます。

「自分だけが知っている、面白い話」は、得意になって話せる情報でしょう。なにか劣等感を抱えている人にとっては、格好のうさばらしなのです。

こうした人々は、じつはとてもかわいそうな人です。けれど、だからといって同情は禁物。調子を合わせて同じようなレベルで話をしていると、あなた自身が、そのネガティブな感情に巻き込まれてしまいます。適当に話を合わせつつ、不幸スパイラルにからめとられることのないよう、適度な距離を置きましょう。

ただし、相手を遠ざけたいからといって、「そんな話やめて」「軽蔑《けいべつ》するよ」などとストレートに反応すると、今度はあなた自身が根も葉もない噂の犠牲者となってしまう危険がありますので、要注意です。

いい方法としては、相手が得意になって話す「とっておきネタ」へのリアクションをほとんどしない、というのがあります。

相手の驚く顔、自分の話に興味をそそられる様子を見て満足したい彼らにとって、反応のない相手ほどつまらないものはありません。

いずれ相手の方から、「話してもつまらない人」と、離れていってくれるでしよう。

ネガティブな噂話には、リアクションをしないでおきましょう。いずれつまらなくなって、向こうから離れてくれます。

やたら大声で話す人

威勢のいい話や専門用語のオンパレード。聞きたくないよ

周囲の状況をかえりみずに大きな声で話す人を見かけることがあります。電車の中や飲食店で、我が物顔で大声で話し続ける人に遭遇するのは不運ですね。

A子さんの会社のB課長は、電話の声が大きいことで有名です。出社早々、取引先の担当者と大声で話し始めます。

話の中身は新しいプロジェクトのことだったり、専門用語を交えた打ち合わせだったり、やたらと景気がいいのですが、フロア中に聞こえるような声のため、顔をそっとしかめている人も少なくありません。

この、B課長のような人は、一見非常に自信家に見えます。

話の中身も、威勢のいいことが多く、それを誇示するかのように大声で話すのです。

けれど、その自信満々な声とは裏腹に、本当はどこか不安を抱えているのです。周囲に自分という存在を認めさせたいけれど、誰も認めてはくれないんじゃないか、という不安を感じています。そこで、大きな声で自分をアピールしているのです。

「俺はすごいんだぞ。こんなにいろいろ知っているんだぞ。仕事ガンガンやっているんだぞ」というのを、周囲に一生懸命宣伝しているわけですね。

しかし、どんなに大声を出しても、軽く見られたらどうしよう、という気持ちを拭《ぬぐ》い去ることはできません。

周囲が顔をしかめても、「威嚇《いかく》成功」とばかりに一時的な満足感に浸《ひた》っていたりします。

やたらとカタカナの専門用語や最新の流行などを交えて「教えてあげるよ」と

いった態度で話をする人なども、同じタイプの場合が多いでしょう。

こういう人のそばにいるのは、精神衛生上よくありません。もっと上の立場の人に注意してもらうか、電話のときだけは、席をそっとはずしたり、耳栓をしたりするのがいいかもしれません。

大声で話すのは自信がない証拠。「威嚇」は無視してしまいましょう。

キミ、焼き方は
ミディアム・レアね
わかるかなぁ？

「ヤバイ」しか言わない、ボキャブラリーの貧困な人

子どもじゃないんだから。社会人としていかがなものか

「待ち合わせに遅れそう！　ヤバイ」

「あの店のラーメン、まじヤバイ」

これらの「ヤバイ」が指し示している感情は、

「待ち合わせに遅れそうだから、とても焦っている」

「あの店のラーメンは、すごくおいしくてやみつきになりそう」

といったものでしょう。これだけ多様な表現で表される感情を、「ヤバイ」のひと言で済ませる人がいます。

この、「ヤバイ」が表現しているのは、非常に強い感情の高まりです。

本来ならさまざまな言い方があるのですが、語彙《ごい》力、表現力が乏しいため、うまく伝えることができません。それで、なんでもかんでも「ヤバイ」になってしまうわけです。これによく似た使い方をされているものに、「すごい」「超〇〇」などがあります。

こうした言葉をしばしば使う人は、幼い印象に映ります。品がない、雑な人格に見られがち。そのうえ、なれなれしく感じ、あまりいいイメージを抱かれません。

けれど、**彼らは心の中で、「自分の気持ちに共感してほしい」と強烈に願っています。**周囲の人に理解してほしい、同じ感情を共有したいと思っているのです。

そのあまり、自分の中に芽生えた気持ちを、強く表現しようとして、「ヤバイ」「すごい」と連発しているのです。

「ああ、こっちの気を引きたいんだな」と心の中でそっと理解し、相手より大人な目線で、寛大に接してあげましょう。寂しがり屋の子どもだと思えば、腹の立つこともないでしょう。

彼らは寂しがり屋なのです。子どもだと思って、寛大な気持ちで共感してあげましょう。

いつもひと言多い、皮肉屋な人

いちいちつけ加えるひと言。結構、傷つくんですけど……

営業成績が上がった部下に、「お前にしては頑張ったな」。

残業が続く先輩に、「無理しない方がいいですよ、もう若くないんだから」。

こんなふうに、なにかにつけ、ひと言多い人というのはいるものです。このタイプの人と話をしていると、イヤな気分になったり、傷ついてしまうこともあるでしょう。

このような人を、ドイツの精神病理学者クレッチマーは、「分裂気質」と分類しました。分裂気質の人は、物事を理解・分析する能力に長《た》けています。けれど、他者への配慮に関しては無神経で、独断的なところがあります。

このタイプは、本人にはまったく悪気がなく、つい口から言葉が出てしまっているこことが多いのです。むしろ親しみを感じる近しい距離の相手にこそ、こういうことを言ってしまったりします。

このような人とは距離を置くに限りますが、同じ組織や集団にいる場合、なかなかそうもいかないでしょう。そういう場合は、自分が大人になるしかありません。

「この人はこういう人。別に悪気があるわけじゃない」と考え、心に耳栓をしてしまいましょう。

「私のことが嫌いだから、こんな意地悪を言うんだろう」とか、「この人の言うように、ダメなヤツだと周りから思われているんだろう」という思い込みは、自分自身を追いつめ、傷つけてしまいます。

けれど、相手はそれほど深く考えているわけでもありませんし、それが絶対的な評価というわけでもありません。

もっとも落ち着くのは、「自分だけが言われるわけじゃない、この人にはみんなイヤな思いをさせられているんだ」と、冷静に客観視することかもしれません。

悪気があるのではなく、ただ無神経なだけです。「この人の言うことは絶対じゃない」とスルーするに限ります。

遠回しな自慢が多くて、うっとうしい人

素直に「うれしい」って言えばいいのに……

「この間、会社の慰労会で、A部長から〝君だけが頼りだ〟なんて言われちゃってさ、まったく気が重いよ」

「うちの娘が、今度のバレエの発表会で主役になっちゃって、衣装代がバカにならないのよ。ほんと困るわ」

ぼやいているのか、ほめてもらいたいのか、はっきりしない〝遠回しな自慢〟を聞かされること、よくありますね。どうせならはっきりと言ってよ、というところです。

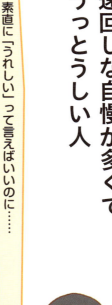

「A部長から頼りにされてるみたいなんだ。頑張りがいがあるよ」

「娘がバレエの主役に選ばれたの。娘の努力が実ってうれしいわ」

こんなふうにさわやかにストレートに言われれば、言われた方としても、

「たいしたものじゃないか。応援してるぞ」

「すごいわね。すてきな娘さんがいてうらやましいわ」

などと、素直に反応することができるのに、まったくもって面倒な限り。

言葉だけではありません。たとえば、訪問先のリビングに、所狭しと優勝トロフィーが飾られてあったり、「かわいい孫の写真」が並べられていたり。

それに気づいたら上手にほめなければ、招かれた側としてのお務めをはたしたことにはなりません。けれどもほめたが最後、今度は本物の直球自慢がえんえんと繰り広げられる可能性もあります。

かといって、うっかり気づかずにスルーした場合、相手のご機嫌を損ねてしまいかねないでしょう。

アイデンティティを保つための自己提示だととらえよう

こうした人は、じつは心のどこかに埋めきれない寂しさを抱えています。そしてその空洞を、なにかで埋めようとしています。それが自慢の対象であり、その人にとって、アイデンティティとなっている場合さえ少なくありません。

上司にほめられたことを自慢したい人は、その上司や会社で認められることを、自分の拠《よ》り所としています。子どもや孫の自慢をする人は、その存在が、幸せや生きがいの象徴なのかもしれません。

彼らはそうした対象物をとおして映し出される、幸せな自分そのものを、見てほしくて仕方ないのです。

それで周囲を巻き込もうとするわけです。けれど、ストレートに喜んでいる姿やはしゃいでいる様を見せるのは、プライドが許しません。それで、〝遠回しな自慢〟をついついやってしまいます。

こうした〝遠回しな自慢〟に遭遇した場合は、〝ああ、この人は「自己提示」したいのだな〟と、理解してあげるといいでしょう。自己提示とは、セルフ・プレゼンテーションとも呼ばれ、他人に自分がどう見られたいか、を考えて演出することです。

この場合「仕事のできるヤツだと思われたい」とか、「賢いママや、優しいおばあちゃまに見られたい」などといった目的に合わせて、情報を流すことがそれにあたります。

相手がどう演出したいのかが見えれば、それをひと言言ってあげればいいのです。そうすれば、相手は心が満たされるでしょう。

「君の手腕は誰もが認めているよ」

「かわいいお孫さんに囲まれて、お幸せですね」

そのひと言で、あなたは「理解ある隣人」になることができるのです。

ただし、それ以上のおべんちゃらを言わないよう、要注意。

ある程度の距離を置いておくことで、〝えんえん続く自慢話〟に巻き込まれないようにしてください。

「さすが、仕事ができる人は違いますね！」など、相手が喜ぶ言葉をかけてあげれば、満足してくれるでしょう。

必要以上にそばに寄ってくる不快な人

恋人でもないのに、そんなに近くにこないでよ

さほど親しい間柄でもないのに、なれなれしくそばに寄ってきたがる人がいます。会話をするときや、一緒に歩くとき、必要以上に接近されると、不快な気分になるものです。それが女性社員と男性の上司だったりすると、セクハラにもなりかねません。

たとえばすいている電車や映画館などで、席はたくさん空いているのに、わざわざ見知らぬ人の隣に密着して座る人がいたら、かなり不自然です。隣に座られた方は、不快に感じるでしょう。それは、相手が自分の「パーソナルスペース」

を侵害しているからなのです。

パーソナルスペースとは、自分と他人との間の距離空間のこと。つまり、人が持ち運びする縄張《なわば》りです。このパーソナルスペースは、相手との関係によって広がったり縮んだりします。

たとえば、会社の先輩や上司と恋人では、当然、接近されてもいいと思える距離は違いますね。恋人では許せる距離でも、オフィシャルな相手には勘弁《かんべん》してほしい、そう思うのはごく自然な感情なのです。家族や恋人だけに許せる距離に無遠慮に入り込んできたら、不愉快だったり、「なにかたくらんでいるのではないか」と不審に感じても、仕方がないでしょう。これが縄張りに侵入する行為だからです。

パーソナルスペースを侵害する人は、なんらかの意図をもってしている場合をのぞいては、**他人との距離感をうまく認識できないタイプの人だといえるでしょう。**自分では、ずうずうしいと思われる行動をとっているとは少しも思っていないこともしばしばあります。

けれど、その人自身がずうずうしい性格とは限らない場合もあるので、近づかれたらさりげなく距離を離すなどして、適当な距離感に気づいてもらえるように し向けましょう。

「近寄ってきたら離れる」の繰り返しで、「適当な距離感」に気づいてもらうしかありません。

第3章

不機嫌をまき散らす人

□今、機嫌がいいのか悪いのか、自分でもわかっていない。
□他人の冗談や軽口に対応するのは苦手だ。
□周囲の様子が妙な雰囲気になることがある。

※一つでも当てはまれば、不機嫌をまき散らす人かも？

いつも機嫌が悪く、威圧的な上司

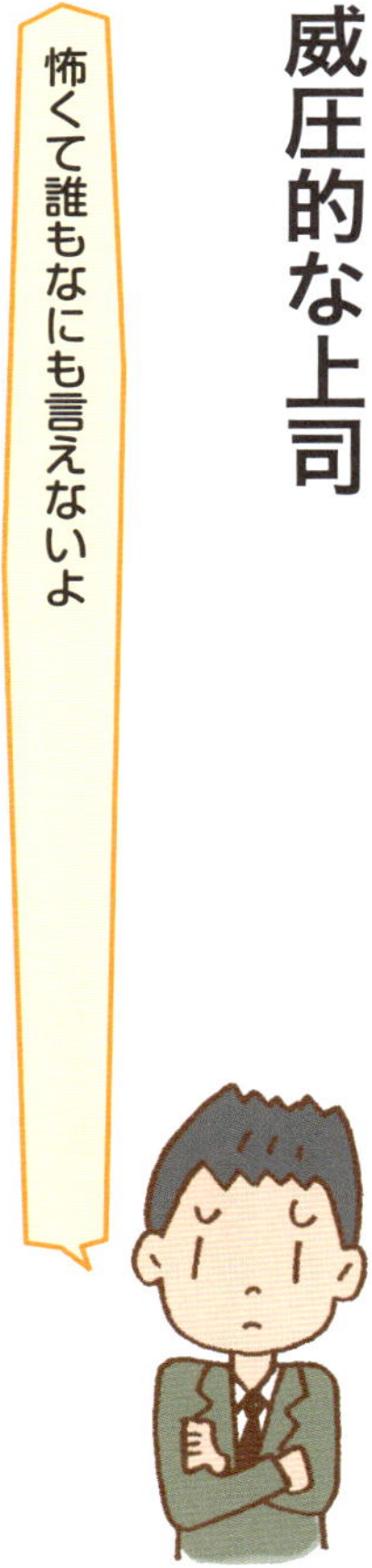

上司は職場のムードメーカー。上司のタイプによって、職場の雰囲気もガラッと変わります。

明るく熱心で、しかもリーダーシップのある上司がいるチームは、全体のムードも明るく、士気も上がるでしょう。ところが、やる気のない上司、気弱で、指示ひとつ伝えられない上司などなど、問題上司はたくさんいます。

なかでも仕事がやりづらいのが、「いつも機嫌の悪い上司」。むすっと偉そうに黙り込んだままで、「俺に気安く話しかけるなオーラ」を、全身から発散しているタイプです。

部下とうち解けるどころか、つねに不満そうな顔でチーム全体を見渡し、口を開くときは文句かお小言。こういう上司の部下となった人は、本当についていません。チームの雰囲気は重くなるし、オープンに会話を交わすこともしづらくなるでしょう。

このタイプは、「自分の方がお前らより偉いんだ。お前らは俺の機嫌をいつも気にしていろ」という権威主義者。肩書きにものを言わせるのが大好きなのです。けれど、**本心では自分の実力や、リーダーとしての統率力《とうそつりょく》に自信がありません。**

「みんな俺についてきてくれるだろうか」「部下にバカにされるようなミスはしないだろうか」と内心ビクビクしていたりします。それを悟《さと》られないようにするために、偉そうな態度という鎧《よろい》を身につけ、部下たちを威嚇しているのです。

こういうタイプがたまに口を開くとやってしまうのが、部下のやる気をどんどん削ぐ発言です。

たとえば部下がミスを犯したとき、やる気を引き出せる前向きな上司は、「これは、こういうふうにやると、もっとうまくいくぞ」と、アドバイスの形で指摘します。

けれどこの「ムスッとご機嫌ななめ」タイプの上司は、「これじゃあダメじゃないか。ちっともわかってないな」と、部下を全否定してしまいがちです。これも、権威主義をふりかざすために起きる物言いですが、部下の仕事へのモチベーションは、見事なまでに下がっていくでしょう。

上司を手玉にとる気持ちで、ゴマすり作戦を

運悪く、こうした上司の下になったとき、怒って反発すると、もっと悪い方向にいってしまいます。権威主義者のプライドを傷つけたりしては、あとあと何倍ものしっぺ返しがくる事態になりかねません。

こういうときは冷静に、損得計算だけを考えて行動するといいでしょう。つま

り、「イヤな上司ほどゴマをすれ」という、わかりやすい手を使うのです。

人は、自分に好意を示してくれた人を好きになる、という特性を持っています。これを「好意の返報性」といいます。イヤな上司に「お前なんか嫌いだ」という態度で接していれば、相手はあなたに嫌われてると感じ、もっとイヤな態度をとるようになります。

反対に、**相手が喜ぶような好意的な態度で接すれば、相手もあなたに好意的に接するようになるものです。**

たとえ偉そうな態度が鼻についても、「あなたのために頑張ります。よろしくお願いします」と言葉や態度で示しましょう。頭ごなしに叱責を浴びたときは、それこそチャンス。「申し訳ありません。未熟者ですので、ご指導いただけますか」と思い切り頭を下げるのです。

「こんなヤツに頭を下げるのはイヤだ」と思ってしまったら、同じ土俵に乗ったケンカでしかありません。ここはひとつ、上司を手玉にとる気持ちでいきましょう。

本気で尊敬しなくても、尊敬している態度で接する。そうすれば結果的に、あなた自身のストレスを軽減することができるのです。

尊敬していなくても尊敬しているふりをする。
そのほうが、あなたのストレスを軽減できます。

口を開けば不平不満ばかり言う人

文句言うだけじゃ、なにも変わらないと思うけど……？

ふた言目には夫や子どものグチを言う主婦。飲むと会社の部下や上司の不満ばかり言い連《つら》ねるビジネスマン……口を開くと、不平不満ばかり出てくる人と話すのは、楽しくありませんね。

生きていれば、誰でも同じようにイヤなこともいいこともあります。一人の人に、悪いことばかりが集中して起こることはないでしょう。なのになぜ、不平不満ばかりの人がいるのでしょうか。

人は、なにか問題に直面したときの反応で、三つのタイプに分けることができます。

ひとつは「自罰型」といって、すぐに自分を責めるタイプ。それから「無罰型」といって、誰も責めないタイプ。そして、自分以外の誰かを責める「他罰型」です。

たとえば、傘を持たずに外出し、予期せぬ雨に降られたとします。「ああ、傘を持ってくればよかった」と自分を責めるのが自罰型。「まあ、雲行きが急に変わることもあるさ」と思えるのが無罰型。「天気予報では降らないと言っていたのに」と、誰かを責めるのが他罰型です。

不平不満ばかり言う人は、「他罰型」の性格傾向があります。家庭をかえりみない夫が悪い、言うことを聞かない子どもが悪い、自分のことを理解しない上司が悪い、仕事のできない部下が悪い、などなど……。自分にも非があるとは思いません。「自分は被害者」だと思っているのです。

人間の態度や口調は、響き合うように同調します。

乱暴な口調をすれば、相手もぞんざいな口調で答えるでしょう。優しく感じのよい対応をすれば、相手もあなたに優しい態度で接してくれます。これを心理学では「反響」といいます。

ですから、不平不満グチタラタラの人と一緒にいると、やはりイライラと不満がつのってきます。

自分の人生を不幸にしたくなかったら、こういう人とはおつき合いしないのが一番です。

不満ばかり言う人と一緒にいると伝染します。

グチを言い始めたら、まったく違う話題に変えてしまいましょう。

亭主も、バカ息子も、
となりの住人も
となりの犬も
どいつも
こいつも！

飲み会でも会議でも、ムッツリだんまりな人

頑張って話しかけてる、こっちがバカみたい！

会議や話し合いの場でも、くつろいだ席でも、とにかくムッツリと黙り込んでいる人がいます。

周りが気を使って話しかけても、「そうですねえ」「ええ、まあ」などと、短い返答のみ。会議のときに意見を求められても、なんだかハッキリしない。いったいなにを考えているのか、どうしたいのかが少しも伝わってこないため、周りの人々に不信感を抱かせます。

他人の輪の中でなにも話さない人というのは、警戒心が強く、自分自身を表に

出すことを極端に嫌います。

誰でも触れられたくない話題の一つや二つはあるものですが、そういう話題になったとき、人は黙り込んだり、言葉が少なくなったりします。これを「コンプレックス指標」といい、ある話題に対して、答えるまでの時間が長ければ長いほど、その話題に対するコンプレックスは強く、心の奥に抑圧されていた話題だということになります。

人前でムッツリ押し黙ったままの人というのは、**会話をすることそのものが、コンプレックスとなっていることもあります。話し下手をからかわれたことがあったり、人に伝えることが苦手で、話すことそのものが苦痛だということもあります。そのため、会話することをシャットアウトしようと、つねにムスッと不機嫌な顔をしているのです。**

けれどこういう人ほど、本当は話したい、自分のことをわかってほしい、という気持ちを抱えています。うまく話を引き出してあげられる人がいると、せきを切ったように話すこともあります。

ところで、黙っている人の中には、目立ったり敵をつくることを避けたいから、という人もいます。議論に巻き込まれたり、やっかいなもめごとになるのを避けるために、自分からよけいなことを言おうとはしません。冷静な計算のうえで、〝無口な人〟を貫《つらぬ》いているのです。

無口な人ほど、会話したがっている場合があります。どんな話題なら反応がいいか、探りながら話してみましょう。

上司にはなにも言えないくせに、部下に当たる人

いつも部下に怒鳴り散らす。ストレス解消!?

「あの主任、部長にはどんな理不尽《りふじん》なこと言われても、ヘラヘラ笑ってるのに、俺たち平社員が相手だと、すぐに威張《いば》って怒鳴《どな》り散らしやがって。二重人格かよ」

などと、陰口をたたかれている人は、中間管理職にありがちなようです。

こういう人は、自分の抱える怒りや不満を、転嫁《てんか》していることがあります。**横暴な部長に腹が立ったり、イヤミなことを言われて恨みを感じたりしても、それを部長にぶつけることはできない。そこで、自分より弱い立場の部下に当たり散**

らすことで、その怒りを発散させているのです。

これを心理学用語で「フラストレーションの転移行動」といいます。平たくいえば八つ当たりですね。

けれど、本来、怒りや不満は、それを感じた当事者にぶつけるのが、もっとも解消できるものです。

それがかなわない場合は、その攻撃したい当事者に似たタイプの人に、ぶつけるようになります。たとえば、女性にフラれた腹いせに、同じような年頃の女性ばかりを狙ってイヤがらせや痴漢《ちかん》行為をする、というようなことです。

ところが、自分より弱い立場の部下では、代償行動としての満足度が低いので、気持ちをスッキリ晴らすことはできません。ですから、つねにイライラして、怒鳴り散らす悪循環となります。

このようなタイプは、権威主義者であることが多く、地位が自分より下の人間の言うことには素直に耳を傾けようとしません。

こうした人にはなるべく接触しないのが一番の回避策です。ビクビクして小さくなっていると、弱い者いじめのレーダーに引っかかりやすくなります。

普通に、堂々とした態度でいるのがいいでしょう。

弱い者いじめの的にされないよう、堂々とした態度でいましょう。

あまりひどいようだったら、さらに上の上司に進言を。

いちいちイヤミをかぶせてくる人

ネガティブな言い方しかできないわけ?

どんなときでも、ひと言チクリとイヤミを言うのを忘れない人がいます。

誰かのうっかりミスや勘違いを正しながら、

「こんなの常識でしょ?」。

いつもよりおしゃれをしている人に向かって、

「へえ、見られる服も持ってたんだ」。

楽しそうに笑っているところにやってきて、

「いいわねえ、あなたにはなんの悩みもなくて」。

「きょうの服装なかなかステキね」「楽しそうね。なにかいいことあったの？」などと言えばいいところを、人の気持ちをグサリと傷つけたり、不愉快な気分にさせる言葉をわざわざ選んでふっかけてくる。

非常に困ったタイプの人です。

こういうイヤミなタイプの人は、その人自身があまり幸せな状態ではありません。

ゆううつな問題を抱えていたり、誰かに認められたい、ほめられたい、と望んでいるのに、その気持ちを満たされていなかったりします。自分自身に余裕がなく、幸福感もなく、いつも欲求不満でイライラしているのです。

こういう人は、他人に対して優しい気持ちを持つことができません。それどころか、自分のイライラや欲求不満をぶつけられる対象を、いつも心のどこかで探しています。

そして標的が見つかると、心ないひと言をぶつけて、モヤモヤをすっきりさせようとするのです。

もちろん、そんなことで、本人が抱える鬱積《うっせき》した不満が解決するわけではありません。一瞬、ちょっとスッキリするという程度です。

けれど、そのスッキリがクセになり、「相手にイヤミを言う」のが、その人のコミュニケーションスタイルになってしまいます。誰かと接するときのクセとなるのです。

そうなると、「あの人はイヤミな人」「話すと不愉快な気分にさせられる」と周囲に認知されるようになり、ますます自然な会話を交わす機会が遠のいていきます。

するといっそう欲求不満となり、人嫌いとなっていってしまいます。

孤独を受け止めてあげるか、気にしないでスルーするか

こういう人にまず必要なのは、自分が抱える問題や、欲求不満を感じている自分自身と向き合い、見つめることです。そこから逃げずに一つひとつ解決してい

くことで、気持ちが安定し、周囲の人々にも優しい気持ちで接することができるようになります。

また周囲の人々も、**本当は寂しく、幸福感の持てない人なのだと理解し、受け止めてあげることで変わっていくこともあります。**

イヤミばかりを言って近所の人に嫌われていた独り暮らしのお年寄りが、心の内の孤独や老いへの不安をわかってくれるケースワーカーに出会って、すっかり優しい人に変わったりすることはしばしばあります。これなどは、周囲の受け止めが本人の変化につながる好例でしょう。

「でも、職場のイヤミなお局《つぼね》さまを理解して、受け止めてあげるほど、私の心は広くない」という人は、なにを言われても気にせずに、やり過ごすのが一番。

「心の寂しい、かわいそうな人なのだ」と思えば、たいして腹も立たずに済むのではないでしょうか。

平然とした顔で、

「夫にも〝きょうは、いつもよりマシだ〟なんて言われちゃった」

「はい！　悩みがないのが悩みでして……」
と笑って切り返せれば、相手よりも一枚上手《うわて》となれるでしょう。

「いやー。そうなんですよ」と笑って切り返し、一枚上手な人になりましょう。

いつも「どうせ」で始まる、いじけ癖が抜けない人

「そんなことないよ」って励ますの、疲れるよ

「どうせ私なんか。なにをやっても不器用だし」

「どうせもう若くないし」

なにもしないで、いつもいじけてばかり。口を開けば「どうせどうせ」と泣き言のオンパレード。

いくら「そんなことないよ」「あなただって、もっと頑張れるよ」と励ましても、いじいじブチブチが止まりません。聞いているだけで、そのネガティブなオーラに気分が暗くなってしまいます。

こんなふうにいじける人は、**自分自身をおとしめて、周囲や自分に言い訳をしているのです。**

「自分がこの仕事をやらないのは、不器用で失敗してしまうからだ」

「積極的に取り組めないのは、年齢的なハンデがあるからだ」

などなど、自分ができないのは、こんな理由があるからだと自己弁護するために、弱点をさらけ出しているのです。これは「セルフ・ハンディキャッピング」と呼ばれていますが、周囲に大目に見てもらおうという甘えた気持ちが透《す》けて見えます。

「そんなことないよ。きっとあなただって大丈夫よ」などという励ましは、彼らには無意味なこと。

なぜなら、新しい行動を起こしたりして失敗するのが怖いので、逃げ道をつくるために「どうせ」と言い訳をしているからです。

こういうタイプを真剣に励ましたり、応援したりしても徒労《とろう》に終わることが多いかもしれません。

ネガティブな毒気に当てられないよう、放っておきましょう。

「そうだね。若い人にやってもらえばいいよね」
と肯定してしまえば、
そのあとの泣き言は止まるかもしれません。

「きみによかれと思って」が、押しつけがましい人

それはあなたの考えでしょ。押しつけないでよ！

「あなたのためを思って」とか、「きみによかれと思って」という言葉は、本来、相手の身になって考えたり行動したりすることを指す、思いやりの言葉です。

けれど、実際に誰かがこう言っているシーンを思い返すと、うっとうしい、イヤな感じが漂いますね。

おそらく、**多くの場合、言う側の自己主張のために使われているセリフだからでしょう。**

「あなたのためを思って言うのよ。それはやめた方がいいわ」

「きみによかれと思って、僕のやり方をアドバイスするんだから、そのとおりやった方がいい」

などと、親切めかした言い方にくるんで、自分の考えややり方を押しつけているのです。

こういう人は、たいがい自分に強い自信を持っています。自分の考えや人生そのものを、自己肯定できるタイプです。

それだけならいいですが、自分とは違う考えややり方を許せないところがあります。「自分が一番正しい」と固く信じているため、違う考え方をする人を「間違っている」と否定し、「正しい方向に導いてあげよう」とさえ思っているのです。

けれど、本当に相手のためを思って言っているのかは、はなはだ疑問です。もしアドバイスに従わなかった人が失敗でもしようものなら、「それみたことか」と得意顔になるでしょう。

こういうタイプは、求めてもいないのに、よけいなお説教やお小言をたずさえて、そばにやってきたりします。

「はい、そのとおりですね」としおらしく話を聞いて、波風を立てないことが一番です。聞いたことを実践する必要はありません。

聞いてあげるだけで相手はプライドが満たされるので、風当たりは弱くなるでしょう。

「よかれと思って」と言う人は、自分の正しさを主張したいだけ。「そのとおりですね」と、しおらしい態度さえ見せればよいでしょう。

きみ、わかってないなぁー。お寿司を食べる順番はさぁ…
うに
あじ
いくら
さば

月曜日の朝からどんよりして、テンションが下がる人

ゆううつな気分はわかるけど、周りにまき散らさないでよ

一週間が始まる月曜日、どんよりと暗い表情の人がいます。誰でも月曜日はゆううつな気分になるでしょう。けれど、大きなため息なんかつかれると、周りまでテンションが下がるというもの。月曜がゆううつという人は、「ブルーマンデー症候群」「月曜病」などと呼ばれたりします。

休日が終わり、またきゅうくつな管理型社会に戻らなければならないと思うと、心の重荷となって、心身の不調を招いてしまうのです。

ブルーマンデー症候群の特徴的な症状としては、

・日曜日の夜から会社や仕事のことが気になり、イライラする。
・日曜日の夜は食欲がなく、なかなか眠れない。
・月曜の朝、身体的原因のない下痢や腹痛などに襲われる。
・月曜の朝は、体がだるくて起きるのがつらい。
・月曜午前中に、ミスが多い。また気持ちがふさぎ込む。

などがあります。

こうした不調は、軽視できない場合があり、人によっては、出社拒否症やうつ症状につながる危険もあるのです。

「ブルーマンデー症候群」になるのは、休日になにもしないで、だらだら過ごす人に多いようです。

「疲れているから、体を休めなくちゃ」と、なにもせずにいると、ストレスが解消できず、疲れをとることができません。体のだるさは、精神的なストレスからきていることも多いのです。

PHP文庫
http://www.php.co.jp/

世の中

世の中はいい先生である。寛大なところはあるが、最後には正邪をちゃんと弁えている。だから馬鹿にしてはいけない。すじみちの通ったことはやはり通してくれるのである。

――松下幸之助『大切なこと』ＰＨＰ研究所より

では、職場にそういう人がいる場合は、どうしたらいいでしょうか。

暗い顔にイラッとしますが、普通にあいさつをし、気楽な会話を交わしたりしましょう。そして、重要な会議などは、月曜日はできる限り入れないようにしましょう。

月曜日がつらい人は、休日に外へ出ましょう。

第4章

周囲をうんざりさせる人

□自分のやりたいことがあると、周囲への配慮ができなくなる。
□自分の損得だけで物事を考えている。
□自分のことが、世界で一番大切だ。

※一つでも当てはまれば、周囲をうんざりさせる人かも？

「でも」「だって」と自己弁護ばかりの人

なにかといえば「自分は悪くない」。よくもスラスラ出てきますね

なにをしても半人前なのに言い訳だけは一人前。そんな人もいるものです。ヘマをやらかしても、

「うっかり忘れたのは悪いけど、でも、前もって念を押してくれればよかったのに」とか、

「私だってそれなりに頑張ったけど、だって、時間が足りなくて大変なのよ」とか、言い訳や自己弁護だけは忘れない。聞いている方があきれてしまうほどスラスラと出てきます。

たしかにうしろめたい気持ちや罪悪感、後悔などのネガティブな感情をずっと引きずるのは、苦しいものです。自分の失敗や至らなさ、実力のなさと向き合うのもつらい作業でしょう。そのため、こうした自分の内面とまっすぐ向き合わずに、言い訳という形で逃げ出そうとすることがあります。言い訳をすることで、自分の至らなかった部分に無意識に目をつぶろうとするのです。

これは心理学では「防衛機制《きせい》」の一種になります。防衛機制があるから、誰もが極端な自己嫌悪や自己否定にさいなまれることなく、精神衛生を保つことができます。

けれど、なかにはこの防衛機制が強すぎるタイプの人がいます。なにがあっても言い訳ばかりで「自分は悪くないもん」と知らんぷりを決め込むような人です。

こういう人は、精神的に弱かったり、自分に甘いところがあります。対人関係に消極的なタイプにありがちです。

精神的に未熟なため、責めるとますます自己弁護する

こういう人の言い訳には、いくつかのパターンがあります。

「だってオレ、どうせ頭悪いしさ」「女の私には無理よ」など、自分自身のハンディを引き合いに出す「セルフ・ハンディキャッピング型」。不平不満の多い、依存型の人によく見られます。

「でもきみにだって、できないかもしれないだろう」「だって、誰でも家庭や自分が大切でしょう」など、周囲や相手を巻き込んでなにも言わせなくする「同一視型」。無責任なタイプの人が使います。

「あいつが飲みたいって言うから、つき合ったんだ」「彼の方からケンカを仕掛けてきたのよ」など、自分の意思を誰かのもののように投影する「投影型」。まさに逃げ口上《こうじょう》で、自分の中の感情と向き合わないことで、気を楽にしようとするやり方です。

このような言い訳をよく使う人に共通しているのは、精神的な未熟さです。都合の悪い事実を直視できるほど心理的に成長していないため、すぐに逃げる方を選んでしまいます。

また、そうやって逃げてばかりいるため、ますます心の成長の機会を逃し、いつまでも言い訳ばかりを繰り返します。そして、言い訳のスキルだけはどんどん磨かれていくわけです。

こういう相手に言い訳をされたとき、すぐにカッとなって責めるのは禁物です。腹が立つのはわかりますが、それでは相手はますますヒステリックに自己弁護を繰り返すでしょう。かといって背を向けて黙ってしまうと、相手は「許された」と高をくくります。

こういうときはまず、**なにも言わずに、相手をしばらく観察してみてください。その沈黙に押されるように、相手が話し出したとき、思わぬ本音・本心を吐《と》露《ろ》することがあります。**

「オレだって悪いとは思ってるけど……」

「そりゃたしかに、約束を忘れたのは、私の責任だけど……」

などと、相手が自分の非と向き合う瞬間がくるのを待ってあげるのです。そして、非を認めたら、責めすぎずに、それを受け止めてあげるといいでしょう。そうやって、少しずつ相手の心の成長を促していきましょう。

何も言わずにじっと待つ。
すると、沈黙に押されて、自分の非を認め出すでしょう。

こんなところに食べ物をおいたのは誰？見たら食べたくなるじゃないの。ダイエット中なのに～！
POTATO CHIP

話がくどくて、イライラさせられる人

もう少し手短に話してもらえませんかね?

話がやたら長く、聞いている方をウンザリさせる人がたまにいます。くどくどと同じことをしゃべり続けたり、持って回った言い方がだらだらと続いたり。あげくには、

「結局、なにが一番言いたかったの?」

などということになったりするものです。

こういう人は、相手を納得させるために話をしているのではありません。

自分自身が話し足りない、つまり、どこか納得しきれていないために、それを

確認しようとして何度も話しているのです。**話すことで、不安や心配なところをなくそうとしているのですね。**

ですから、話の途中で、

「もうわかった、わかった！」

とストップをかけてしまうと、話している本人にモヤモヤした気分が残り、「相手がちゃんと聞いてくれなかった」という不満に変わります。

無理に押しとどめるのではなく、違う質問をするなどして、方向を変えていくといいでしょう。

ところで、自分の興味のある話、好きなことの話になると、話が止まらなくなるタイプの人もいます。これは、粘着的な性格で、物事にこだわりやすい人に多いようです。

こういう人の〝趣味自慢〟や〝手柄話〟などは、うっかり話し相手になってしまうと、えんえんととどまることなく続きます。

仕事や生活に支障が出そうになったら、用事を作って、多少強引に切り上げる

ことも必要でしょう。

無理に話をやめさせると、よけいにこじれます。質問などをして、方向転換を試みてみましょう。

すぐにバレる言い訳をする人

「忘れてました」って正直に言えば済むものを……

「遅れちゃってごめ～ん。目覚ましが壊れてて」

「頼まれてた書類ですが、パソコンのトラブルでデータが飛んでしまいまして」

よくもまあ、その場しのぎの嘘《うそ》を……と、あきれてしまうような、いい加減な人がいます。

見え透いた言い訳のせいで「バカにしてるのか」という気分になることもあるものです。

けれど、安易な言い訳をする人は、相手に向けてではなく、**自分の行為を正当**

化するために、無意識に言い訳をしているのです。これを「合理化」といいますが、いわば、自分を納得させるための言い逃れです。

ですから、「こんな言い訳じゃあ、かえって不興を買うな」という、冷静な判断もせずに、軽々しく口にしているのでしょう。

このような人は、なにか起こったときに、周囲にその原因を求める「外的帰属型」が多く、「電車が遅れたから」「時計が壊れたから」「誰も注意してくれなかったから」などなど、自分以外を悪者にした言い訳をいくらでも思いつくのです。

とはいえ、言い訳には、悪いところばかりではありません。

たとえば、約束が反故《ほご》にされたとき、「自分のことを軽くみているのではないか」と、自尊心が傷つけられることもあるでしょう。そんなとき言い訳をしてくれると、救われた気持ちになります。

自分のために言い訳をするのか、相手の気持ちも思いやった言い訳なのかで、その人がどんな人間かもわかるというもの。

その人を測るバロメーターだととらえて、聞いてみてはいかがでしょう。

あまりに下手な言い訳が過ぎるようなら、「理由はいいから、とっとと仕事して」とカツを入れましょう。

冗談・シャレに無反応な、面白くない人

場が白けるから、なにかリアクションして

職場やグループなどの仲間内で、軽口や冗談を言い合っているとき、一人だけムスッとしている人がいると、なんとなく白けた雰囲気になってしまいます。

たまたま機嫌が悪かったり、気になることがあった、というのならわかりますが、いつも同じようにムッツリでは、まるで周囲をバカにして、うち解けることを拒否しているように見えます。

冗談に反応できなかったり、軽い会話やおしゃべりができない人というのは、コミュニケーションに柔軟性のない人です。会話は、情報交換という役割のほか

に、〝相手と親密になる〟という大切な役割を担っていますが、こういう人の会話は情報交換に終始しています。

雑談をとおして相手がどういう人かを知る、というようなことをしないのです。**情緒的なコミュニケーションを好まず、人そのものに興味を持たないタイプだといえるでしょう。**

情報交換という会話がある職場はまだましで、自宅に帰ると「風呂」「メシ」「寝る」くらいしか話さないだんまりオヤジになり、家族には嫌われていたりします。

会話で相手とつながろうとか、楽しい時間を過ごそうなどという発想はありません。会話で楽しませるのは、至難の業でしょう。

ところで、冗談やシャレを共有するのは、なかなか難しいこともあります。同じ冗談で笑い合うには、「共感」が必要なのです。

たとえばゴルフのプレイに関するジョークを、ゴルフをやらない人に話しても盛り上がりませんし、上司の物まねを、職場以外の人にやっても笑ってはくれないでしょう。生活体験や趣味など、共通したものを持っていなければ、ジョークは通じないのです。

冗談で笑い合うことができる関係というのは、じつは深くて貴重なものなのかもしれません。

相手がなにに興味を持っているのかを探り出し、その話題に持っていけば、少しうち解けた会話ができるかもしれません。

学歴や家柄をひけらかす、鼻につく人

それが自慢なのかもしれないけど、だからなに？

その人の肩書きや家柄、容姿など、周辺情報でその人自身が実際よりよく見えることを、「後光《ごこう》効果」といいます。

たしかに、後光効果は大きいということを実証した研究もあります。アメリカの心理学の調査では、身長が高い男性の方が就職の採用率が高かったり、美人と評価された女子学生の方がそうでない学生よりレポートの得点が高いなどの結果が出ています。

けれど、いつも後光効果に頼って、自分をできる人に見せようとすると、周りから敬遠されてしまいます。

「オレの叔父は○○銀行の幹部でね」

「△△大学出身なので、××専務は先輩なんですよ」

こんなふうに**自慢げに披露《ひろう》するタイプは、じつは等身大の自分に自信が持てない人です。**

本当に能力があって、周囲の評価も高い人は、逆に自分の家柄や学歴を吹聴《ふいちょう》したがりません。「自分自身の能力で評価してほしい」という気持ちを強く持っているからです。

けれど、プライドだけが高く、実力のない人は、こういった後光効果にすがりつきます。

すると「そのわりには、たいしたことないよね」という、白けた評価につながってしまいます。

ほんのひととき、有利な状況に身を置くことができても、長くは続きません。

本当の切り札は、自分自身でしかないことに気づかされる日がくるでしょう。

学歴などをひけらかされたら、
「ああ、自分に自信がないんだな」と思って、
冷静にその人自身の能力を見てみましょう。

じいさんの弟の
奥さんのはとこの旦那が
ハーバード出身でさー

うんちく語りが多すぎて、うんざりな人

語り出すと止まらない。いいかげん飽きるよ

お酒を飲んでいる席で、
「この年にできた○○産のワインはねえ……」
「この地方のオイスターの特徴として……」
などと、なにかにつけてうんちくを語り始める人がいると、とても疲れてしまいますね。

食事の場だけではありません。旅行、車、ビジネス、ファッション、美容、どんなテーマにも、それに一家言《いっかげん》持ち、うんちくを語り始めると止まらなくなる人

はいるものです。

自分が知らない知識を教えてくれる人は本来、話していてとても楽しく、知的発見に満ちた存在です。それなのに、うとましく感じられてしまうのは、どうしてでしょうか。

それは、話す人が、自分の満足のためだけに話をしているからでしょう。

相手を楽しませようと、さまざまな知識を語る人の話は、面白く聞けるものですが、自分の知識を披露したい、誰かに聞いてほしいという気持ちを充足させるためだけに話をしている人の場合、話をしている相手は、聞き役の道具でしかありません。

それを務めさせられる身となれば、うんざりするのも当然なのです。

こうした人に多いのが、知識は豊富でも、人生の豊かさに結びついていないタイプです。ビジネス書を読みあさっているわりには、仕事では冴《さ》えなかったり。要するに頭でっかちなのです。

あなたの周囲にいるうんちく好きに、うんざりすることがあったら、さっさと退散してしまいましょう。話を聞いてくれないとわかれば、そのうんちくを傾けなくなるでしょう。

また、食通うんちくを話したい人には、「聞き役料」として、ご馳走してもらうのもいいかもしれません。

自己満足の道具にさせられるのは時間の無駄です。「あまり興味ないんで」と言って、切り上げてしまいましょう。

このワインはうんたらかんたら
早く
お料理食べたい…

いつも髪の毛をいじっている、目障りな人

いじけた子どもじゃあるまいし、いい加減にやめて！

A子さんが会社でコンビを組むB子さんは、いつも髪の毛をいじっています。パソコンに向かいながら、資料をチェックしながら、会議の席でも……。宴席や、顧客との打ち合わせ中でも、気がつくと髪の毛をいじいじ。

なんだかみっともなくて、さすがに嫌気がさしたA子さん。「いじけた子どもじゃあるまいし、いい加減にやめて、うっとうしい！」と、のどまで出かかることもあります。

誰にでもちょっとしたクセはあるものです。けれど、目障《めざわ》りなほど繰り返して

しまうのは、心理的な要因が働いてのことでしょう。

たとえば髪の毛いじりなど、**体のどこかにつねに触れるのは、誰かに触れたいという「親和欲求」が高まっているのです。**

精神的に未熟な人や、依存心の強い人は、寂しさや不安が高まると、誰かに触れたくなります。幼い頃の、親に抱っこしてもらうと安心できた記憶が、心の奥に残っているからです。

けれど、大人はすぐに誰かに抱きつくわけにはいきません。そういうときの代償行動として、自分に触れて安心しようとするのです。これを、「自己親密行動」といいます。

これに類するクセは、ほかにもあります。爪を噛《か》んだり、腕を深く組んで自分を抱きしめたり……。いずれも、精神的に不安定でイライラしている状態の人が、安定を求めて行う行動でしょう。

こうしたクセのある人は、本当はまだ精神的に自立しておらず、どこかで無理をしているのです。

ですから、「みっともないからやめろ」と言ったところで、本人の緊張はますます高まるだけです。違うクセが出てくるなど、どこかに別のひずみが現れてくるでしょう。

まずは本人の様子を見て、仕事上なにか不安があるのか、緊張することがあるのかなどを、聞いてあげるといいでしょう。気持ちが落ち着けば、少しずつおさまることもあります。

単に寂しがり屋の女性なら、恋人ができて親和欲求が満たされると落ち着く場合もあります。

身体に触れるクセは、不安感の表れかも。
行為をやめさせるより、
話を聞いてあげるほうがいいでしょう。

貧乏ゆすりがひどい人

一緒にいるこっちがイライラしてくるよ

近くにいる人が貧乏ゆすりをしていると、こちらまで落ち着かなくなるものです。見た目も格好悪いし、短気な人に見られがちで損なのですが、本人はあまり気にしない様子です。

貧乏ゆすりは、心が緊張やフラストレーションを抱えているときに現れます。これを抑え込もうとして無意識に始めていることが多く、心理学では抑圧行動の一種とされています。

類似の行動に、机などを指でコツコツ叩いたり、体全体を小刻みに揺らしたりするなどがあります。

なかなか来ない電車やバスを待っているとき、仕事や作業が思うように進まないときなど、イライラがつのってくると、貧乏ゆすりをすることが多くなります。また、触れられたくない話に立ち入られたり、近寄られたくない人に近づかれたりすると、始まることもあります。

そばにいる人が貧乏ゆすりを始めたら、とばっちりを受けないうちに、そっと離れる方がいいかもしれません。

ところで、**のべつまくなしに足を小刻みに揺らしたり、コツコツ机を叩いたりしている人は不満を持ちやすい人です。**いろんなことにいちいち腹を立てている幼稚なタイプであることが多いようです。

不平不満を持っていながら、誰かに伝えたり、相談するなど、外に吐き出すのが苦手だという場合もあります。言葉にできないイライラがたまり、行動となって現れるのでしょう。

貧乏ゆすりをする人への対処法としては、相手が家族や友人など、身近な関係

の人なら、

「なにかイヤなことでもあった？」

など、ひと言声をかけてあげるのがいいでしょう。「じつはさ……」と話し始めたところで、すっと貧乏ゆすりが止まり、落ち着きを取り戻すこともあります。

最善は、本人なりのリラックス法やストレス解消法を身につけるようにすることでしょう。

言葉にできないイライラが貧乏ゆすりとなっています。少しでも外に吐き出すお手伝いを。

第5章

他人の顔色をうかがいすぎる人

□相手の表情や動作が、非常に気になる。
□相手の反応が気になって、話せなくなることがある。
□相手のちょっとした言葉に「なにか裏があるのでは」と感じる。

※一つでも当てはまれば、他人の顔色をうかがいすぎる人かも？

なにをするにも自分で決められない人

「みんなはどうするの？」が口グセ。それで楽しい？

なにをするにも自分で決められない人がいます。

ランチのとき、メニューを前に「どうしよう、あなたどうする？」。休日にどこか行こうという話に「みんなはどこがいい？」。

とにかく周囲におうかがいを立てたがる。自分で決定したり、結論を出すことをしません。レストランでは、人の注文を聞いて「私もそれで」と頼んだりします。

「いつも人任せ。そんなので楽しいの？」と思う人もいるでしょう。

けれど、こういうタイプは、決断力に欠けるため、「決めなさい」と言われる方がつらいのです。いつまでもグズグズ迷うので、そんな自分に疲れてしまうのでしょう。

このような、周囲の意見に従いやすい人のことを、心理学用語で「同調性の高い人」といいます。組織やグループの和を乱さず、つき合いやすい相手ですが、なにかを提案したり、決定したりするリーダー性は低いため、あまり頼りにはなりません。

このタイプの人に、「どうする？」と物事の決定を促しても、話は進みません。ですから、なにかを決定させるような質問を、はじめからしないことです。この手のタイプは、責任をとることを避けたがるため、誰かが決めてくれた方がありがたいのです。

もし、このような相手から答えを引き出したいのであれば、「話題の映画を見に行く？　それとも海までドライブに行く？」と2つの選択肢に絞って提案し、どちらかを選ばせましょう。

もちろん、そんな面倒なことをせずに、「見たい映画があるから一緒に行こう」と言っても、ヘソを曲げたりしないので、ご心配なく。

自分で決めさせようとしてもイライラするだけ。かまわずこちらで決めてしまいましょう。

YESかNOか、はっきり言わない人

結局なにが言いたいのか、わからないんだけど……

自分の意思や意見を他人に伝えるのは、ときとして勇気のいるものです。

けれど、社会生活を営んでいくうえでは、賛成なのか反対なのか、やりたいのかやりたくないのか、一人一人が意思を伝えなくては進まない場面もたくさんあります。

そうした大切なときでさえ、はっきりしない人がいます。

話を聞いても、回りくどかったり語尾が不明瞭《ふめいりょう》だったりして、なにが言いたいのか、ちっとも伝わりません。「はっきりしろ！」と言いたくなることもしばしばです。

こういう人は、自分の意見に対して周囲の人がどう思うか、どうとらえるかを非常に気にしています。**「こんなことを言ったら、相手は怒るんじゃないか、自分を嫌いになるんじゃないか」と、絶えず周囲の人々の心の中を推《お》しはかっているのです。**

とはいえ、自分の考えや主張はあるし、それをわかってもらいたい気持ちもあります。

けれど、周りの反応にビクビクして、思ったように伝えることができないのです。

「△△かなあ、どうかなあ……」

「××かもしれませんよねえ……」

などと、語尾を濁《にご》し、結論も出せなくなるのです。

話し合いがスムーズに進まなくて困ったときは、

「それはどういう意味ですか？」

「どちらかといえば、どちらを選びますか？」

など、丁寧な言葉がけで会話の中から真意を探り出す忍耐強さが必要でしょう。

気弱な小動物を相手にしているつもりで、忍耐強く接しましょう。

相手によって、あからさまに態度を変える人

上司の前では急にぺこぺこ。やな感じ

同僚や、近い年代の先輩には無愛想なくせに、やたらとその上の上司には取り入ろうとする若手社員を、いろいろな会社で見かけます。

Eさんの職場に今年入ってきた1年後輩のFくん。コピーや書類整理を頼むと、あからさまに面倒くさそうな顔で、「え？　いつまでですか？」。

Eさんは、そんなに働きたくないのかよ！　と怒鳴りたいのを我慢して、「忙しいのかな？　なるべく早めに頼むよ」と、ひきつり笑いでお願いしているあり

さまです。

ところがこのFくん、**相手が上司のGさんになると、態度がガラリと豹変《ひょうへん》。**

「今日のプレゼン、さすがG課長ですよね！　勉強させていただきました！」

「私は、課長の命令しか聞きませんよ。一生ついていきます！」

などと、聞いているこちらが恥ずかしくなるようなヨイショの嵐です。

こうしたタイプは、後光効果に弱い、権威主義者です。

第4章でも触れましたが、後光効果とは、本人そのものではなく、勤務先の会社名や出身大学や家柄など、本人をとりまく情報によって、その人そのものまでが素晴らしい人物に見えてきたりすることです。

彼らは、自分より目下の立場の人には、非常に尊大《そんだい》に振る舞います。こうしたタイプが上司になると、部下は苦労するでしょう。

本当に会社で認められたいなら、同僚や同世代の先輩を大切にし、キッチリ足固めをするのが賢いやり方です。頭でっかちの権威主義者は、いずれ淘汰《とうた》されるでしょう。

扱いづらい後輩は、「ここだけの関係」と割り切って、クールに仕事の指示をしましょう。

あまりに態度が悪ければ、上司に相談してお灸《きゅう》を据《す》えてもらうのも効果的です。

この手の人は、結局は評価されない。淡々と仕事の指示をすればいい。

さすが部長！
タイムカードの押し方もすばらしい！
そこ？

仕事をたくさん抱えて、いつも時間に追われている人

忙しいなら、断ればいいのに……

なぜかいつも山ほど用事を抱えて、おろおろしている人、あなたの周りにはいませんか？

「ああ、自治会の名簿を明日までにつくるって約束になってたんだ」

「困ったなあ、きょうは用事があるのに、急ぎの仕事頼まれちゃった……」

など、人から頼まれた仕事や用事で、がんじがらめになっているのです。

こういう人は、他人からなにかを頼まれると断ることができません。一見、優しい人格者のようですが、じつは、強く拒否することができないだけ。つまり気

が弱いのです。

そばで見ている人は、「なんでキッパリ断らないの？」とイライラしたりしますが、本人は、それがどうしてもできません。押しつけられる方が気が楽なのです。なぜなのでしょうか。

心理学に「交流分析」というものがあります。他者とのかかわり方を類型化するものです。

ＦＰ（批判的な父親）……責任感が強く向上心も高いが、他者に対しては批判的である。

ＭＰ（養育的な母親）……面倒見がよく、思いやりがある反面、他人を甘やかしすぎる。

ＦＣ（自由な子ども）……やりたいことに熱中するが、義務的なことには無関心である。

ＡＣ（順応した子ども）……従順で、イヤなことも断れない。

Ａ（大人）……マイペースで理性的だが、客観的で冷めている。

誰でも、このうちいくつかの要素を少しずつ持ち合わせていますが、他人に頼まれると断れない人は、ＡＣ要素が非常に強いのです。

つまり、**大人の言いつけを断ることのできない子どものような心理状態となっているわけです。**見ていてイライラするのは、未熟な子どもの行動を、大人がとっているからでしょう。

彼らは、視野《しや》狭窄《きょうさく》になるあまり、「断る」という選択肢があることさえ、気づかずにいる場合があります。また、「イヤだ」のひと言が言えない自分に嫌悪を感じている場合もあります。

そういう人には、「今は忙しいんでしょう？　断ったらどう？」とアドバイスしてあげましょう。

誰かが背中を押してあげることで気づかされることもあります。そのようにして諭《さと》されていくうちに、少しずつ変わっていくことができるかもしれません。

「断る」という選択肢があることを、教えてあげるに限ります。

つまらない冗談を言って、周囲を凍りつかせる人

さむ～いギャグを言ったあと、反応を見るのはやめて

「オレはあそこの会社には電話しないよ。市内に電話はしない。なんちゃって～」

「新しいファイルどこかな？　あ、ここにあったらしい。なんて、えへへへ」

こんな寒いギャグを言っては、周りにいる女性社員の反応をうかがうおじさん上司。職場でよく見かける光景です。

「あーあ、また言ってる」と、こちらがうんざりしているのも気づかずに、「どうよ？」といわんばかりに、ちらちら反応をうかがっている。

心に余裕があるときにはつき合ってあげてもいいけれど、忙しいときや、日常たびたび重なってくると、正直腹も立ちますね。

もちろん本人も、大受けしているわけではないことは承知していて、ちょっと浮いてるかもな、くらいは気づいているのです。それでもやめないのは、なぜでしょうか。

そこには、もっと自分を見てほしい、注目してほしいという強い欲求があります。つねに「誰かに愛されたい」「認められたい」「忘れられたくない」という本音が人一倍あるのです。

けれど、職場などでは、実力があったり、人望がある人の方が注目もされるし、誰からも一目置かれるものです。

すると、なんとか注目を浴びようとジタバタします。それが、つまらないギャグの連発となって出るのです。

こうした人は、無視されるのをもっとも嫌います。ですから、このタイプを黙らせるのは簡単。ギャグを言ったら、皆で知らん顔して無視を決め込めばいいのです。
誰にも相手にされない方法だと学習すれば、つまらないギャグで気を引こうとする行為もなくなります。

特効薬は「反応しないこと」。くだらないギャグではなく、仕事で注目を浴びてもらいましょう。

いつも「ごめんね」ばかりで、卑屈な感じのする人

謝られるようなこと、なにもしてないんだけど……？

話を始めるときに、いつも謝罪から入る人がいます。

「ごめんねー。ちょっと聞きたいことがあるんだけど……」

「すみません、この書類貸してもらえますか。あ、どうもすみません」

別に謝ることでもないのに、「ごめんね」をくっつけてから話を始めるのです。

はじめのうちは「腰が低い人だな」と思ったりしますが、いつも口癖《くちぐせ》のように出てくると、なんだか嫌気がさしてきます。たとえば、自宅に招待した人に、

「ごめんね。わざわざお招きいただいて。大変だったんじゃない？ ごめんね。

これ、つまらないものでごめんね。みなさんで召し上がって」などと言われると、

「そんなに謝られるようなことしてないのに。かえって呼び立てて悪かったかしら」という気分にすらなってしまいます。

彼らは、周りの人に嫌われることを非常に恐れています。

そのため「なにか気に障《さわ》ることをしたらどうしよう」とつねにビクビクしています。だから、まだなにも摩擦《まさつ》が起きていないうちから「(なにかあったら)ごめんね」「(気に障ったら)すみません」と、降伏してしまいます。

そして、**嫌われるくらいなら、相手と一定の距離を置きたい、と思っている人が多いようです。**

けれど、意味もなく自分に対してビクビクしていると感じれば、誰でもいい気持ちはしないもの。「そんなに偉そうにしてないよ」と感じるのも無理はありません。

人と人との関係は、傷つけ合ったり、孤独を覚えたりしながら、適切な関係を

探り合っていくものです。それをはじめから避けていては、当然いい関係は築けないでしょう。

周囲の「ごめんねさん」にウンザリしたときは、相手が安心するように手をさしのべてあげるか、関係を築くことをあきらめてそっと離れるのがいいかもしれません。

彼らは傷つくことを恐れて距離を保とうとしています。「そんなに気を使わなくてもいいよ」と、安心させてあげましょう。

他人の行動に従ってばかりの、自分がない人

いつも誰かのあとについてくる。金魚のフンか

グループの中には、ただ黙ってあとをついてくるタイプの人がいます。

「食事に行く」といえば、どんな店だろうがついてきますし、映画や旅行に行くことになれば、自分の好みに合うかどうかも確認せずに同行。〝金魚のフン〟そのものですが、本人は特につらそうではなく、むしろ、

「あなたは、どうしたいの」

などと聞かれると、おろおろして、言葉は止まってしまいます。

こういう人を見ていると、「人についてくるだけで、どこが楽しいのだろう」

と、そのお人好しな表情を見ながらイラッとくることもありますね。このような人の性格を「他者指向型」といいます。

私たちは、その時代の社会状況に応じて社会的性格という特徴を持つようになります。

アメリカの社会学者リースマンは、社会的性格を時代によって三つのタイプに分類しています。

まずは、近代以前の社会的性格である「伝統指向型」。権威に弱く、自分の判断や意見よりも権力者の意向に添うように行動する性格です。そして、近代になってそれは、「内部指向型」に変化します。これは、権威や伝統よりも、個人の考えや価値観を優先させて物事を判断し、行動する性格です。

さらに現代ではそれが、「他者指向型」に変化しています。**自分の意見や判断よりも、周囲の他人がどうするのかをもとに、行動するのが特徴です。**

私たちはたいてい、この三つのタイプすべてを持ち合わせているものですが、いつも他人についてくる人は、その中でとくに、他者指向型が非常に強い性格傾向があります。

こういう人は、友達としてつき合うには、刺激の少ない、あまり面白味のないタイプです。

たまにはため息をつきたくなることもあるでしょうが、悪い人ではないのです。グループ内を混乱させたり、対立させるようなことはしないので、安心してつき合える人でもあります。

意見を聞かなくても、あとで文句は言われません。安心して決めてしまいましょう。

第6章

「常識」が通じない人

□行動するとき、「それをしていいかどうか」と考えることはない。
□行動に対する周囲の反応を、まったく気にしない。
□先の見通しを立てず、行き当たりばったりのことが多い。

※一つでも当てはまれば、「常識」が通じない人かも？

机の上がぐちゃぐちゃな、片づけられない人

ここはゴミ置き場か?

ちょっと椅子がぶつかっただけで、隣の机から、書類が雪崩《なだれ》のように落ちてくる……。

いつ配られたかわからないお茶菓子が、いつまでも机に放置されている……。

いつも探し物ばかりをしていて、「○○が見つからない」と大騒ぎ……。

オフィスでこんな人が隣だったら、迷惑ですよね。机の上がいつも乱雑という人は、周囲を困らせる存在です。

その人が、片づける暇もないほど膨大《ぼうだい》な仕事を抱えているかというと、そうで

もなく、むしろ「デキる」人のほうが、机の上もキチッと片づいていることが少なくありません。

片づけられない人というのは、頭の中も片づいていないことが多い。つまり、**同時にいろいろなことを考えたり、終わった仕事をいつまでも引きずっていたりするため、使い終わった資料や書類をスパッと整理することもできず、さまざまなものが見える所に出しっぱなしになります。**

こういうことは、それぞれのクセになっていますので、整理《せいり》整頓《せいとん》ができる人は、子どもの頃からそうですし、だらしない人はいつまでたっても、だらしないままです。ですから、「○○さん、いい加減片づけてくださいよ」と言ってもあまり効果的ではありません。

かといって、周りの人が片づけてしまうのはやめた方がいいようです。はたから見ると、ただのごちゃごちゃですが、本人にとってはそれなりに規則性があり、どこになにがあるかわかっていることも多いのです。あとで、「どこになにがあるのかわからなくなった」とぼやかれかねません。

ただし、こういう人は、たまに、ビビッと冴えたひらめきを見せることがあります。

あれこれめぐらせていた思考が、一つに結びつく瞬間でしょう。ですから、ほどほどに寛容《かんよう》になることも必要かもしれません。

片づけられない人を矯正《きょうせい》するのは無理。その人なりの才能を伸ばすことを考えたほうがお互いのためです。

待ち合わせや締切りを守らない、時間にルーズな人

約束を守りなさいって、小学校で教わったよね？

私たちは、小・中学校の頃から、決められた時間に登校し、やるべき宿題は期限までにやることを課され、時間や期限をきちんと守るようにと教え込まれて育ちました。

なぜそれが必要かといえば、大人になったとき、そうした決まりごとを守れない人間は、いくら能力が高くても、一人前とは認められないからです。

けれど、なかにはどうしても、約束した時間や締切りを守れない人がいます。

こういう人は、約束そのものを甘く考えているか、約束した相手を、軽んじてい

るかのどちらかです。

約束そのものが、当人にとって「どうでもいい」という場合、約束や期限は忘れられがちです。

問題は、約束した相手のことを「どうでもいい人」「自分より低い立場の人」と思っている場合です。

自分の方が偉いから、待たせてもいい、期限がすぎてもどうってことないと考えている場合、どんなに怒っても、抗議をしても、相手が心を入れ替えることはありません。

こういう人は、うぬぼれが強く傲慢《ごうまん》なうえ、**「自分の方が優位に立っている」ということを、つねに相手に示したくて仕方がありません。**ですから、ことあるごとに、約束を反故にするような態度をとり、相手の反応を試しているようなこともあります。

もし仕事相手なら、懐《ふところ》に入っていけば、かわいがってもらえるでしょう。けれど、友人や恋人など、フェアにつき合いたい相手がこんなタイプなら、許してばかりいるのは問題です。相手のことを見下し、自分の言うなりになると勘違いしていています。そんな関係がイヤなら、「約束も守れない人と、これ以上つき合う気はない」と、堂々と宣言すべきでしょう。

相手にとって本当に大切にしたい関係ならば、心を入れ替えるはずですし、そうでないなら、離れていきます。いずれにせよ、不本意でアンフェアな関係を、断ち切ることができるでしょう。

「約束を守れない人とはつき合えません」とはっきり言い、不平等な関係を断ち切りましょう。

お酒を飲むと人格が変わる困った人

いつもはまじめな人がやりたい放題。どっちが本当の姿？

Qさんは控えめで物静かな性格。堅実な仕事ぶりで、同僚や上司からの厚い信頼もあります。

ところがこのQさん、会社の慰労会で豹変してしまいました。

ビールを3杯ほど飲んだ頃から、「部長の○○が威張ってられんのは、オレが汗水たらして働いてるからだ」と、大声で上司の批判をしたり、「お前らは、だいたいバカばっかりだ」と、同僚を侮辱《ぶじょく》したり、言いたい放題ぶちまけるようになりました。

そして最後には泣き出し、とうとう酔いつぶれてしまいました。

Qさんのようにお酒で醜態《しゅうたい》をさらす人がいますが、どうしてこのようになるのでしょうか？

一つは、「外在的動機」です。結婚式での祝い酒や、葬儀の場でのお清めなど、外的な理由から飲む飲酒がそれに当たります。

もう一つは「内在的動機」です。これは不安や不満、つらい感情などのストレスを和らげるために飲むお酒です。リストラや失恋などのあとのやけ酒や、ストレス解消のためにお酒が習慣になっている場合などは、この内在的動機によるものでしょう。

飲酒で乱れてしまう人は、内在的動機を抱えている人です。**酔うことで、いつも抑えている自分の本音や苦しみを表に出し、カタルシスを得ようとするのです。**

しかし、一時的に発散しても、根本的な要因を解消したわけではないので、すぐにつらくなり、また深酒に拍車がかかります。

もちろん、外在的動機で飲み始めたお酒が、内在的動機にすり替わり、乱れてしまうこともよくあります。結婚式でオイオイ泣く花嫁の父や、冒頭のQさんの泥酔《でいすい》ぶりがそれに当たります。

ここまでストレスがたまってしまう前に、「控えめで物静か」などの仮面を脱いで、普段からグチの一つも言えていたなら、お酒で失敗することはないでしょう。

お酒だけが唯一のストレス解消法にならないようにすることが大事。

酒が飲めるのは
誰のおかげだっつの
わかってんのか、コラ！

貸したお金が戻ってこない。金銭感覚がゆるい人

いつまでたっても知らんぷり。返さないつもり⁉

お金に対する価値観というのは、本当に人それぞれのようです。

「缶コーヒー買うから、小銭貸して」という場合の〝貸して〟は、返さなくてもいいと判断している人もいます。かと思えば、消費税分まできっちり返さないと気が済まない人もいます。

ですから、**お金の貸し借りやワリカンをするのは、同じような金銭感覚の持ち主とだけにしたほうがいいのです。**

「この程度なら、返さなくてもさほどおおごとではない」と考える金額が5円な

のか、500円なのか、5000円なのかで、お互いに気分がまったく違うでしょう。

なかには「友達同士の貸し借りは、返さなくてもいいもの」という考えの人もいます。

たとえば、こちらがお金を返さないでいても、お互いにそれくらい融通《ゆうずう》し合う仲だと考えている人です。

金銭感覚がルーズな人はまた、あちこちに借金をしている場合も少なくありません。「金は天下の回りもの」などと言って、親戚や恋人、消費者金融など、いたるところに借金をしている人もいます。

異性関係にからめて「いつか二人が幸せになるために」「あなたと結婚する前に、借金をきれいにしたいから」などと、言葉巧みにお金を引き出そうとする人もいて、こうなるともう、犯罪スレスレといえそうです。

こういう人は、金銭感覚がどこか壊れてしまっています。よほどのことがない限り、まともな感覚に戻ることはありません。

本当に大切にしたい人以外は、スッパリと縁を切るか、「つき合いは続けるが、絶対にお金は貸さない」と宣言するか、どちらかを選ぶ必要があります。

お金に対する価値観は人それぞれ。自分と感覚が異なる人とは、貸し借りを控えたほうがいいでしょう。

列に平気で割り込む人

当たり前のことを注意したら、逆ギレ!?

自販機やレジなどの順番を、列に並んで待つことができずに平気で割り込んでくる人を見かけます。これは気分のいいものではありません。けれど、勇気のある誰かが「並んでますよ」とたしなめても、こういう人は恥じ入ることなく平気な顔をしています。なかには「うるさいことを言うな」などと、逆ギレする人もいて、注意するのもひと苦労です。

幼児が、思いどおりにならないことがあるとだだをこね、自分の意のままに振る舞おうとするのと同じです。

幼児の場合、親に叱られて、「自分のことばかり優先してはいけないんだ」と学んでいきますが、それをせずに大人になってしまう人が、しばしば存在するのです。すると何歳になっても、自分の欲求や利益を最優先させるようになります。

こういう人は、自分にとって不快な出来事は、すべて相手に非があるという感覚でいます。

車が渋滞《じゅうたい》していれば「なんでこんなに込んでいるんだ」、行列ができれば「なんでみんな集まってくるんだよ」と、怒り出します。自分もその混雑や行列の一員だということに、思い至らないのです。

情報が氾濫《はんらん》し、人々が処理しきれないような過剰負荷環境にある現代社会は、このような人が増える土壌《どじょう》となっています。過剰な環境からのストレスを防ぐために、「自分には関係ないことだ」と、周囲の状況を切り捨てて見ないようにする人が多くなるからです。

すると、自分の行動が、はた迷惑なことなのかどうかの判断も、鈍くなっていきます。

社会と自分とは、関係がないものだとするために、周りが見えなくなってしまうのです。

常識を平気でくつがえすような人が周囲にいたら、相手に顔をしかめる前に、「同じ環境の中で、自分も同じようになってはいないだろうか」と、振り返ることも大切かもしれません。

現代社会はストレスがいっぱい。
自分もストレスに耐えかねて、いつの間にか
自分中心の考えになっていないか、振り返ってみましょう。

著者紹介
渋谷昌三（しぶや　しょうぞう）
1946年、神奈川県生まれ。学習院大学卒業、東京都立大学大学院博士課程修了。心理学専攻。文学博士。山梨医科大学教授を経て、現在、目白大学大学院心理学研究科・社会学部社会情報学科教授。非言語コミュニケーションを基礎とした「空間行動学」という研究領域を開拓。その研究成果を、現代心理学に即した、平易な記述で解説する、行動的な心理学者として活動している。
著書に『[イラスト版]外見だけで人を判断する技術』(PHP研究所)、『怖いくらい「本当の自分」がわかる心理テスト』『[新装版] すぐに使える！ 心理学』（以上、PHP文庫）など多数。

イラスト —— 小池まいこ
編集協力 —— 小林麻子（トリア）

この作品は、2013 年 12 月に PHP 研究所より刊行された。

ＰＨＰ文庫　「めんどくさい人」の取り扱い方法

2017年４月17日　第１版第１刷

著　者　渋　谷　昌　三
発行者　岡　修　平
発行所　株式会社ＰＨＰ研究所
東京本部　〒135-8137 江東区豊洲5-6-52
文庫出版部　☎03-3520-9617（編集）
普及一部　☎03-3520-9630（販売）
京都本部　〒601-8411 京都市南区西九条北ノ内町11
PHP INTERFACE　http://www.php.co.jp/

組　版　朝日メディアインターナショナル株式会社
印刷所
製本所　共同印刷株式会社

©Shozo Shibuya 2017 Printed in Japan
ISBN978-4-569-76714-7
※本書の無断複製（コピー・スキャン・デジタル化等）は著作権法で認められた場合を除き、禁じられています。また、本書を代行業者等に依頼してスキャンやデジタル化することは、いかなる場合でも認められておりません。
※落丁・乱丁本の場合は弊社制作管理部（☎03-3520-9626）へご連絡下さい。送料弊社負担にてお取り替えいたします。

PHP文庫好評既刊

「なぜか人に好かれる人」の共通点

斎藤茂太 著

なぜあの人は誰からも好感をもたれるのだろうか。そんな人たちに共通する人間的な魅力や立ち居振舞い等を考察した心温まるメッセージ。

定価 本体五三三円（税別）

PHP文庫好評既刊

「あなたを傷つける人」の心理

きずな喪失症候群

加藤諦三 著

あなたのまじめさを踏みにじる「きずな喪失症候群」の人との決別こそ、幸せの第一歩。心を失った人生の虚しさと恐ろしさを説く幸福論。

定価 本体四七六円（税別）

PHP文庫好評既刊

がんばらない、がんばらない

ひろさちや 著

過去を反省しない、未来に期待しない、「がんばる」のをやめる……仏教思想に基づく意外なヒントの数々。不思議と心が穏やかになる一冊。

定価 本体四七六円（税別）

PHP文庫好評既刊

こころがホッとする考え方

ちょっとしたことでずっとラクに生きられる

すがのたいぞう 著

こころにも息抜きは必要です。本書は、疲れたこころを癒す「処方箋」が満載。一読すれば、きっとあなたもホッとして気分がラクになる。

定価 本体四七六円（税別）

PHP文庫好評既刊

「テンパらない」技術

西多昌規 著

「ちょっとした事でキレてしまう＝精神的テンパイ状態の人」が急増中！　精神科医が自ら実践している「心の余裕を保つ技術」を一挙紹介！

定価　本体五七一円（税別）

PHP文庫好評既刊

ワンコイン心理術

500円で人のこころをつかむ心理学

メンタリストDaiGo 著

相手の心を読み、「快適な人間関係」や「相手との信頼関係」を築くために、すぐに役立つ、あらゆる心理テクニックを集めた一冊！

定価 本体四六二円（税別）

PHP文庫好評既刊

「どうして私ばっかり」と思ったとき読む本

石原加受子 著

面倒な仕事はいつも私に、どうして私にばかりトラブルが……「自分ばっかりツライ地獄」から抜け出す秘訣を、心理カウンセラーが伝授！

定価 本体五七一円（税別）

PHP文庫好評既刊

感情を整える

ここ一番で負けない心の磨き方

桜井章一 著

お金とモノを豊かにする生活でなく、感情を豊かにする。豊かな感情により生活や人生を豊かにし、自分の可能性を大きく広げる生き方とは。

定価 本体五八〇円（税別）

PHP文庫好評既刊

ストレス知らずの対話術

コミュニケーション力を鍛える

齋藤 孝 著

「三つの力」でコミュニケーション力を鍛えれば、対話上手になり、ストレスが減り、成果を上げることができる。究極の対話術を紹介。

定価 本体六八〇円（税別）

PHP文庫好評既刊

怖いくらい「本当の自分」がわかる心理テスト

渋谷昌三 著

「腰に両手をあてて人と話をするのは支配的性格」など、誰も知らない隠された〝本当の自分〟が一瞬でわかる17の心理テストを紹介。

定価 本体五一四円（税別）

PHP文庫好評既刊

［新装版］すぐに使える！ 心理学

恋愛、ビジネスからうつ病までスッキリわかる！

渋谷昌三 著

恋愛、ビジネス、心の悩みは、この一冊でスッキリ解決できます！ 自分と他人の心の動きが面白いほどわかるようになる心理学の決定版。

定価 本体六〇〇円（税別）